„Auch ich in Arkadien!“

~ 2013

„Auch ich in Arkadien!"

Deutsche Italiengedichte von Goethe bis George

Herausgegeben von
Yvonne-Patricia Alefeld, Gunter E. Grimm
und Katharina Junk

Umschlaggestaltung: Finken & Bumiller, Stuttgart

Umschlagabbildung: Heinrich Jaeckel: Italienische Landschaft (1850).
© akg-images.

Die Deutsche Nationalbibliothek verzeichnet diese Publikation
in der Deutschen Nationalbibliografie;
detaillierte bibliografische Daten sind im Internet
über http://dnb.d-nb.de abrufbar.

Der Lambert Schneider Verlag ist ein Imprint
der WBG (Wissenschaftliche Buchgesellschaft), Darmstadt.

Die Herausgabe des Werkes wurde durch
die Vereinsmitglieder der WBG gefördert.
Satz: Janß GmbH, Pfungstadt
Gedruckt auf säurefreiem und alterungsbeständigem Papier
Printed in Germany

Besuchen Sie uns im Internet: www.lambert-schneider-verlag.de

ISBN 978-3-650-23834-4

Inhalt

Italienlyrik von Goethe bis George

Von Gunter E. Grimm

Seit der Renaissance bis ins frühe 20. Jahrhundert galt Italien deutschen Reisenden geradezu als Mythos. Für die Wahl Italiens als Reiseziel gab es schon im 17. und 18. Jahrhundert individuelle, aber auch standes- oder berufsspezifische Motive. Die Künstler etwa reisten, um von den italienischen Bildhauern und Malern zu lernen: von Leonardo, von Michelangelo, von Raffael und von Tizian. Die adeligen Jungherren absolvierten ihre europäische Kavalierstour, wobei sie sich mehr der geselligen Gegenwart als dem Inspizieren römischer Altertümer widmeten. Genau diese Zwecke verfolgten die Gelehrten, die in Italiens Museen, Archiven und Bibliotheken nach antiken Originalquellen suchten.

Aber Dichter waren es, die dieser glühenden und geradezu existentiellen Sehnsucht Stimme und Ausdruck verliehen haben. In der Frühzeit waren die Gedichte rar, und selbst in der Barockepoche, in der die Quantität poetischer Zeugnisse zunahm, glichen die einschlägigen Gedichte Kuriositätenkabinetten. Von einem spezifischen Italienerlebnis kann hier noch nicht gesprochen werden. Diese Interessenlage änderte sich schlagartig mit dem Erscheinen von Johann Joachim Winckelmanns „Geschichte der Kunst des Altertums“ (1764). Er vermittelte dem Reisenden ein neues Sehen: Die üblichen Raritäten, die Kabinette, Kirchen und Katakomben, ließ er links liegen und lenkte den Blick auf die antike Kunst. Aus dem Eldorado verschrobener Gelehrter wandelte sich Italien zum gelobten Land für Archäologen, Antikefreunde und Ästheten. Auch aus dem pragmatischen Grund, weil es viel schwerer war, in das unter osmanischer Herrschaft stehende Griechenland zu gelangen.

Die Reisenden erlebten Italien nicht ausschließlich der äußeren Reize wegen. Eigentliches Ziel war die Bildung ihres Selbst: Ausbildung des Kunstverstandes, Intensivierung des Fühlens, Distanzierung von den Alltagssorgen und Erhöhung des eigenen Lebens – alles Aspekte einer Konfession, deren geläufiges Etikett „Wiedergeburt“ hieß.

Im 19. Jahrhundert gehörte es zum guten Ton gehobener bürgerlicher Kreise, einmal im Leben eine größere Italienreise unternommen zu haben. Die bildungswilligen Bürger reisten allerdings nicht mehr auf den Spuren adeliger Herren, sondern auf den Spuren Goethes. Goethe hat wie kein zweiter Maßstäbe für die Wahrnehmung Italiens gesetzt, Maßstäbe, die jeder Italienreisende von geistigem Rang für sich reklamierte, indem er versuchte, Goethes Erleben für seine eigene Person zu wiederholen. Zumal bei Schriftstellern lag die Orientierung an Goethe nahe. Fast das ganze 19. Jahrhundert gab er das Leitbild ab, dem man nachstrebte oder gegenüber dem man sich abgrenzte; er lieferte auch die Maßstäbe, um das Italienerlebnis angemessen künstlerisch zu verarbeiten.

In der Tat beginnt mit Goethes Gedichten die eigentliche Tradition deutscher Italienlyrik. Alles, was vor dieser Zeit über Italien gedichtet wurde, hat allenfalls den Charakter eines Präludiums. Gegenüber der barocken Vanitas-Dichtung, der die Ruinen Roms nur als Sinnbilder der Vergänglichkeit galten, bedeutete die italienische Dichtung Goethes fast so etwas wie eine kopernikanische Wendung. Jetzt hieß die oberste Maxime nicht mehr „memento mori“, sondern „carpe diem“, und der Dichter malte die Freuden des Diesseits in hellen und üppigen Farben. Goethe bediente sich souverän der klassischen Form des Distichons, das Hexameter und Pentameter geschwisterlich zusammenbindet. Es kam Goethe nicht auf Details an; seine große lyrische Tat ist die Beseelung des Seelenlosen, die Vermenschlichung des Raritätenmuseums Rom: „Ja, es ist alles beseelt in deinen heiligen Mauern, Ewige Roma“ heißt es in den „Römischen Elegien“. Und dass es die Liebe war, die solche Beseelung vollbrachte, macht den noch heute nachvollziehbaren Reiz, die Lebendigkeit dieser antikisch nachempfundenen Lyrik aus. In der siebten

Elegie greift Goethe den Gegensatz zwischen dem trüb-grauen Norden und dem glanzvoll-lebendigen Süden auf, ein Thema, das bis in die Gegenwart immer wieder die Dichter beflügelt hat. Mignons Lied „Kennst du das Land, wo die Zitronen blühn" ist schon längst zum geflügelten Wort avanciert, dessen sich die Anthologisten mit Vorliebe bedienen. Das Gedicht enthält eine Reihe von Vorstellungen, die der Freund des Südens fast automatisch mit Italien verbindet: die erste Strophe bedichtet die exotisch-üppige Vegetation mit ihren Zitronen und Orangen, ihren malerischen Myrten- und Lorbeerbüschen, die zweite Strophe erinnert an die antike oder der Antike nacheifernde Baukunst und Plastik („Marmorbilder"). Die dritte Strophe vermittelt anschauliche Eindrücke von Italiens zerklüfteter Berglandschaft mit ihren schäumenden Wasserfällen und steilen Maultierpfaden. Wie die „Römischen Elegien" der künftigen Romdichtung den Weg gewiesen haben, so steht dieses Lied am Beginn romantischer Italienlyrik. Freilich bleibt das „Mignon"-Gedicht auch in Goethes Œuvre vereinzelt. Die übrigen Italien-Gedichte sind Epigramme, also ebenfalls im Distichenmaß gehaltenen Kurzgedichte mit pointierter Aussage.

Auch zahlreiche Schriftsteller der Romantik entwarfen Italienbilder. Freilich viele – etwa Wilhelm Wackenroder, Jean Paul, E. T. A. Hoffmann und Joseph von Eichendorff – kannten Italien nicht aus eigener Anschauung. Den Romantikern bedeutete die antike Kunst weniger als den Klassizisten, sie interessierten sich mehr für das christliche Mittelalter und für altitalienische Malerei. Italien galt ihnen als Ort traumhaft freien Schweifens, als Freiraum für abenteuerliche Ungebundenheit, als Stätte eines ewigen Konfliktes zwischen heidnisch-dämonischer Verlockung und christlich-ethischer Weltabsage. Das lyrische Werk des exzentrischen Zacharias Werner legt von dieser Zerrissenheit beredtes Zeugnis ab. Rom als einstige Kapitale der heidnisch-antiken Welt und traditionsreiche Metropole des Christentums zog die deutschen Künstler fast magisch an. So schlugen die Nazarener – Anhänger einer an Raffael, Perugino und Dürer orientierten Kunstbewegung – 1810 im ehemaligen Kloster San Isidoro ihr Domizil auf.

Die Klassizisten und die Romantiker reisten nicht aus politischen, sondern aus ästhetischen Motiven nach Italien. Dies änderte sich nach der Niederlage Napoleons schlagartig. Autoren wie Heine und Grillparzer hatten dezidiert politische Absichten und behielten die soziale Gegenwart mit ihren oft krassen sozialen Gegensätzen ständig im Blick. Die Kehrseite der italienischen Anarchie war die vielgerühmte Freiheit; sie zog gerade die „Aussteiger" an, die der deutschen Misere angewidert den Rücken wandten: den homoerotisch veranlagten August von Platen, das Tübinger Enfant terrible Wilhelm Waiblinger und den von deutscher Zensur gebeutelten Heinrich Heine.

Unter Platens metrisch gebosselten Gedichten gibt es eine Reihe gelungener Gebilde, auch wenn der Zyklus der Venedig-Sonette nicht das non plus ultra deutscher Sonettkunst darstellt. Während in den Sonetten der elegische Ton dominiert, prägt die Oden ein hymnischer, aufs Preisen ausgerichteter Duktus. Mit ihren Anspielungen auf antike Mythologie und auf persönliche Erlebnisse entziehen sie sich der unmittelbaren Einfühlung und zielen auf ein philologisch geschultes Verstehen des Kenners. Anschaulich dagegen sind die überwiegend im Hexameter verfassten Eklogen und Idyllen mit ihrer Schilderung malerischer Landschaften oder burlesker Volksszenen. Die Italiendichtung Platens hat Schule gemacht; Formstrenge in Metrum und Reim ist sein Erbe, das die spätere Münchner Schule um Geibel und Heyse nachdrücklich gepflegt hat. Unmittelbar hat Platens Formkult seinen Zeit- und Leidensgenossen Wilhelm Waiblinger beeinflusst. Obwohl Waiblinger seinen Lebensunterhalt mit journalistischen Arbeiten verdienen musste, verstand er sich jedoch nicht als Journalist, sondern strebte nach dem Lorbeer des Dichters. Seine lyrische Produktion war erstaunlich, auch wenn für die meisten seiner Gedichte Platens harsches Urteil zutrifft: „Seine Gedichte werden um nichts besser, wenn auch in jedem das Pantheon, das Kolosseum und das Forum Romanum vorkommt, was alles bei ihm nur Phrasen sind." Viele von Waiblingers Oden sind nichts anderes als versifizierte Prosa, die metrumbedingten Gewaltsamkeiten wie andauerndes Apostrophieren oder Elidieren deuten das Aufgepfropfte dieser Kunstübung an. Erst in den späten Oden gelangen ihm dichterische, den Oden Platens ebenbürtige Verse. Zum Besten gehören seine „Bilder aus Neapel“ und die „Sizilianischen Lieder“, beides Zyklen in Distichon-Form, deren Buntheit und Anschaulichkeit darauf hinweisen, dass Waiblingers eigentliche literarische Stärke im Abschildern und im Beschreiben lag, nicht aber im philosophisch-poetischen Höhenflug, in der spannenden Handlungsführung oder der individuellen Charaktergestaltung. Der offene, von Vorurteilen freie Blick erlaubte ihm, italienisches Volksleben authentisch wiederzugeben; wie kaum ein anderer deutscher Schriftsteller kannte er sich bei den weniger gut situierten Schichten aus. Deren Beschreibung ist erlebt, der antikische „Überbau“ ist angelesen und Hölderlin nachempfunden. Platen und Waiblinger waren Klassizisten. Und doch findet sich in beider Werk nicht nur Bildungsgut. Während Waiblinger sich vornehmlich der Schilderung italienischer Gegenwart widmete, begegnen bei Platen neben den Szenen aus dem Volksleben auch Gedichte, die sich engagiert gegen Unterdrückung durch weltliches und kirchliches Regiment wandten.

Eben dieser Appell an die Freiheit, dieser Kampf gegen erstarrte Institutionen und versklavende Hierarchien ist für Franz Grillparzers wenige Italiengedichte symptomatisch. Zeitlich lag Grillparzers Italienreise vor den Italienfahrten Platens und Waiblingers, doch ist der Duktus seiner Gedichte so eindeutig gesellschafts- und herrschaftskritisch, so dass sie unbedingt als Reflex auf die politisch verfestigte Situation der Restaurationsära zu deuten sind. Italien erfüllte nicht die hochgespannten Erwartungen, die das Gedicht „Kennst du das Land?“ spiegelt; im Gegenteil, die kritische Sicht auf gesellschaftliche Mängel ließ Grillparzer nie zum uneingeschränkten Genießen der Schönheiten des Landes kommen. Auch im Nachhinein brachte die Reise dem Dichter nur Ärger. Den Anlass bildete das Gedicht „Campo vaccino“, durch das Kirche, Adel und Kaiserhaus sich verhöhnt glaubten. Der Vorwurf, den man Grillparzer machte, bezog sich auf seine einseitige, aber den Historikern geläufige Interpretation Konstantins als eines Heuchlers, der das heidnisch-antike Rom zerstört habe. Die Empörung kirchlicher Kreise bestand zu Recht. Auch wenn die Antikenbegeisterung hinter Grillparzers kritischer Geschichtsbetrachtung stand, von weitaus größerer Bedeutung war doch die unmittelbare Kritik an der gegenwärtigen Situation Italiens, für die er die Institution Kirche verantwortlich machte. Italien war in einen Zustand der kulturellen und politischen Erstarrung versunken. Von der „riesigen Vergangenheit" spürte Grillparzer in der Gegenwart keine Spur mehr: „Flach" geht, „auf flachem Boden", „die neue, flache Zeit" dahin.

Zeitkritik schob sich auch in den Gedichten der Schriftsteller des Vormärz in den Vordergrund: Kritik an den politischen und sozialen Zuständen Italiens und Kritik an der durch Goethe geprägten Italienverherrlichung. Die 1844 entstandenen Gedichte August Heinrich Hoffmann von Fallerslebens sind dafür ein beredter Beleg. Die Kritik am Papsttum bildete ein zentrales Motiv seiner Italiendichtung. Seine Angriffe beschränkten sich jedoch nicht auf die Kirche; Italien galt ihm als „Land des Stillstands, der Erhaltung", als Inbegriff der Restauration, „ohne Fortschritt, ohn' Entwicklung", in dem „alles bleibet, was es war". Solche Gegenwartskritik stand nicht vereinzelt. Emanuel Geibel etwa ließ sich von äußerem Flitter nicht täuschen: Italiens „Leib" werde „siech und elend", die „alte Tugend" sei gestorben, die Freiheit verloren und das einstige „Heldenvolk" verdorben.

Wenn die Dichter dennoch Italien priesen, so hielten sie sich an die Kunst und an die Geschichte. Der Trend zur Ästhetisierung und zur Historisierung ist unverkennbar. Jacob Burckhardt, Ferdinand Gregorovius und Conrad Ferdinand Meyer sind dafür gewichtige Kronzeugen. Mit der Kehrtwendung in die Geschichte veränderten sich auch die bedichteten Objekte. So war es sicherlich kein Zufall, dass die großen Gestalten aus der italienischen Geschichte und Kunst das rege Interesse der Dichter fanden. Dante, der exilierte Begründer italienischer Dichtung, wurde zur Symbolgestalt in Gedichten Geibels, Schacks und Burckhardts. Die großen Renaissancekünstler Michelangelo, Raffael und Tizian, aber auch bedeutende historische Figuren wie Spartacus und Cola di Rienzo fanden Eingang in die historisierende Dichtung. Eine Nationalisierungstendenz verstärkte das Interesse an germanischer Kraft und mittelalterlicher Kaiserherrlichkeit; es verdichtete sich im tragischen Schicksal der Hohenstaufen, wie Heinrich Leutholds Ode „Gegen Rom" bekundet. Hugo von Hofmannsthal hat in seiner Rezension der Gedichte Conrad Ferdinand Meyers über diese Lyrik, die ihre Gegenstände aus der Requisitenkammer der Historie hervorholte, ein hartes Verdikt gesprochen:

„Ein starker Band, gegen vierhundert Seiten; zweihundertundsechzig Gedichte, darunter fast zweihundert von dieser Art; Ketzer, Gaukler, Mönche und Landsknechte, sterbende Borgias, Cromwells, Colignys; Medusen, Karyatiden, Bacchantinnen, Druiden, Purpurmäntel, Bahrtücher; Hochgerichte, Tempel, Klostergänge; zweizeilige Strophen, dreizeilige, vierzeilige, achtzeilige, zehnzeilige; heroische Landschaften mit und ohne Staffage; Anekdoten aus der Chronik zum lebenden Bild gestellt, – Wämser und Harnische, aus denen Stimmen reden, – welch eine beschwerende, fast peinliche Begegnung: das halbgestorbene Jahrhundert haucht uns an; die Welt des gebildeten, alles an sich raffenden Bürgers entfaltet ihre Schrecknisse; ein etwas, dem wir nicht völlig entflohen sind, nicht unversehrt entfliehen werden, umgibt uns mit gespenstischer Halblebendigkeit; wir sind eingeklemmt zwischen Tod und Leben, wie in einem üblen Traum, und möchten aufwachen."

Die Bedenken, die Hofmannsthal gegen diese historisierende Dichtung vorbringt, haben sich im Laufe des 20. Jahrhunderts verstärkt. Freilich täte man C. F. Meyer Unrecht, wenn man ihn zum Hauptvertreter dieser Richtung abstempeln würde. Gewiss gestaltete er mit Vorliebe außergewöhnliche Situationen und bedichtete „große Männer" vom Schlage eines Cesare Borgia; doch galt sein Interesse auch dem leidenden Künstler Michelangelo. Von Meyer, der insgesamt dreimal Italien besucht hat – 1858 Rom, Florenz, Siena; 1866 Lugano und 1871 Venedig –, stammen einige der bedeutendsten Italiengedichte, „Auf dem Canal grande" und „Der römische Brunnen" haben schon längst klassischen Rang gewonnen.

Die Lyrik des ganzen 19. Jahrhunderts blieb in formaler Hinsicht konservativ: antike Versmaße wechseln mit vierzeiligen Reimgedichten. Hin und wieder erklingt allerdings ein frischer Ton: in den Versen Joseph Victor von Scheffels und Christian Wagners. In seinen „Römischen Episteln“ zeichnete Scheffel ein humorvolles Bild vom ausgelassenen Treiben deutscher Künstler. Scheffel verstand seine Italienfahrt als Ausbruch aus der philiströsen Enge Deutschlands. Nachdem er sich anfangs in Museen, Bibliotheken und Galerien vergraben hatte, wandte er sich schon bald dem Gegenwartsleben zu. Hier äußerte sich ein „Geschichtsüberdruss“, der nicht untypisch für die zweite Jahrhunderthälfte war, als Gegenbewegung nämlich zum Historismus. Scheffels Gedichte verfochten die Werte der Ungebundenheit und der Freiheit. Die Kehrseite dieser im studentisch-burschikosen Ton vorgetragenen Gedichte war das literarische Vagantentum und der fröhliche Philisterspott. Auf Capri übrigens, wo Scheffel mit dem Dichterfreund Paul Heyse ein „insulanisches Stilleben“ führte, entstand innerhalb von sieben Wochen „Der Trompeter von Säckingen“, das Werk, das seinen späteren Ruhm begründet hat. Scheffel ging in die Literaturgeschichte nicht als Dichter Italiens ein, wohl aber in gewisser Weise Paul Heyse, der in seinen zahlreichen Novellen Italien mit Vorliebe zum Schauplatz gewählt hat. Heyse hat Italien zeit seines Lebens bereist, er hat sich sogar in Gardone am Gardasee ein Haus errichtet, in dem er seit 1899 die Wintermonate verbrachte. Heyses Lyrik ist für den Geschmack des Bildungsbürgertums repräsentativ. Geschickt bediente er sich eines bewährten Formen-, Bilder- und Topoischatzes, der aus dem unerschöpflichen Fundus der Klassiker, der Romantiker und Heines stammt, ein Meister des Nachempfindens und der eleganten Form, doch ohne unverwechselbare Eigenart. Die besaß in umso reicherem Maß sein unbekannter Dichterkollege, der schwäbische Bauer Christian Wagner, der kurz vor dem Ersten Weltkrieg eine längere vom Verleger finanzierte Italienfahrt unternahm. Seinen Gedichten, wo sie sich der reinen Anschauung und nicht einem angelesenen bildungsbürgerlichen Wissenskanon verdankten, eignet eine „kühne und wunderbare Bildhaftigkeit“ (Theodor Heuss), eine zuweilen sperrige, aber kristallin-körnige, von der Fähigkeit des Selbstsehens geprägte Diktion. In mehrfacher Hinsicht bilden dazu die leidenschaftlichen Italiengedichte Friedrich Nietzsches den Gegenpol. In ihrer klanglichen Sensitivität und farbigen Bildhaftigkeit leiten sie die Stilrichtung des Impressionismus ein, in ihrer dynamischen Verve weisen sie auf die emotionsgeladenen Gedichte des Expressionismus voraus.

Nietzsche steht am Beginn der modernen Italiendichtung, die sich aus dem übermächtigen Schatten Goethes allmählich löste. Die Textsammlung schließt mit der Italienlyrik der Jahrhundertwende. Goethes Gedichte stehen am Anfang dieser kleinen Sammlung; am Ende steht ein Reflex dieser großen Italienerfahrung, die über ein Jahrhundert deutsches Geistesleben beeinflusst hat. Stefan Georges großes, zwischen 1905 und 1908 entstandenes Reflexionsgedicht „Goethes lezte Nacht in Italien“ schlägt den Bogen zurück zum Begründer der deutschen Italienlyrik. Damit schließt die eigentliche ‚Goethezeit‘ – die Phase, deren unangefochtenes poetisches Leitbild Goethe war. Dass sein Einfluss aber bis weit ins 20. Jahrhundert reichte, davon zeugen noch zahlreiche Gedichte in der Italiendichtung der Gegenwart.

24/6.2018

***

Johann Wolfgang von Goethe (* 28. August 1749 – † 22. März 1832), aus einer angesehenen Frankfurter Patrizierfamilie stammend, begann 1765 ein Jurastudium in Leipzig, das er im Frühjahr 1770 in Straßburg fortsetzte und im August 1771 mit dem juristischen Lizentiat abschloss. In den Jahren danach entstanden zwei Werke, die ihn schlagartig berühmt machten: das Drama „Götz von Berlichingen" (1771, überarbeitet 1773) und der Briefroman „Die Leiden des jungen Werthers" (1774). Sein Leben nahm eine entscheidende Wende, als er im November 1775 auf Einladung des achtzehnjährigen Herzogs Karl August nach Weimar reiste, wo er im Lauf der Jahre verschiedene Ämter im Staatsdienst bekleidete und 1782 in den erblichen Adelstand erhoben wurde. Aus der letztlich unbefriedigenden Verwaltungstätigkeit, die ihm wenig Zeit für dichterische Arbeiten ließ, und einer unklaren Beziehung zu der Hofdame Charlotte von Stein rettete Goethe sich quasi durch die (bis zuletzt geheim gehaltene) ‚Flucht' nach Italien, die in Wahrheit einer Befreiung gleichkam. Dort lebte er vom September 1786 bis Mai 1788, abgesehen von einem viermonatigen Abstecher nach Neapel, überwiegend in Rom, wo er sich der deutschen Künstlerkolonie um Johann Heinrich Wilhelm Tischbein und Angelika Kauffmann anschloss – unter dem Pseudonym eines deutschen Malers Jean Philippe Möller. Für keinen anderen deutschen Dichter hat Italien eine derart gravierende Bedeutung gehabt wie für Goethe. In Italien erst gewann er den

freien Blick, der ihm in Weimar abhanden zu kommen drohte – ein Ergebnis seiner Zugewandtheit zum offenen italienischen Lebensstil und der Befriedigung seiner angestauten, in Weimar nicht ausgelebten Sexualität. Kein Wunder, dass Goethe im Rückblick – in der später aus Tagebuchaufzeichnungen und Briefen redigierten „Italienischen Reise" (1816/17) – von einer „Wiedergeburt" sprach und die resignierte Bemerkung machte, er sei später nie mehr so glücklich gewesen wie während seines Aufenthalts in Italien. Auch in literarischer Hinsicht bedeutet der Italienaufenthalt eine Zäsur in Goethes Schaffen. Nach den rokokohaften Anfängen, den hochemotionalen Werken der Frühphase nahm Goethes Dichten nun eine klassizistische Wende – vor dem Hintergrund der italienischen Kunst, der Winckelmannschen Kunstdoktrin und der Ästhetik von Karl Philipp Moritz, zu dem er in Rom freundschaftlichen Kontakt pflegte. Schönste Zeugnisse dieser neuen Kunstauffassung sind die beiden Blankversdramen „Iphigenie auf Tauris" (1787) und „Torquato Tasso" (1790). Zurückgekehrt nach Weimar, ging Goethe eine dauerhafte Beziehung zu Christiane Vulpius ein, die er allerdings erst 1806 heiratete. Der Französischen Revolution stand Goethe ablehnend gegenüber; sie widersprach seinem organologischen Denken, das stärker auf Entwicklungen und Reformen als auf gewaltsame Umstürze setzte. Die engste geistige Beziehung nach der Rückkehr aus Italien hatte Goethe zu Friedrich Schiller, die bis zu dessen Tod im Jahre 1805 dauerte.

Goethes Italienlyrik ist nicht so umfangreich, wie man erwarten könnte. Das berühmteste aller Italiengedichte, das in den Roman „Wilhelm Meisters Lehrjahre" eingelagerte Gedicht „Kennst du das Land?", das geradezu toposhaft alle die Attribute italienischer Landschaft und Kultur benennt, entstand paradoxerweise vor Antritt der Italienreise, um 1782/83, ist also selbst ein Gebilde reiner Imagination. So zitiert die erste Strophe die blühenden Zitronen, die im dunkeln Laube glühenden Gold-Orangen, den vom blauen Himmel wehenden sanften Wind, die stille Myrte und den hohen Lorbeer. Die zweite der Kultur gewidmete Strophe zeichnet ein Bild des „auf Säulen" ruhenden Atrium-Hauses mit seinem von

Marmorstatuen geschmückten Garten. Die zwanzig „Römischen Elegien“ (1788–90) und die im Anschluss an eine enttäuschende dreimonatige Venedig-Reise im Sommer 1790 gedichteten 103 „Venezianischen Epigramme“ (1790) sind im klassischen Distichen-Versmaß gehalten, legen also bereits in ihrer Form Zeugnis ab von der klassizistischen Wende, die Goethe in Italien nahm. Die ungeheure Wirkung, die Goethes Italienreise auf Zeitgenossen und Nachfahren hatte, verdankt sich nicht bloß diesen Texten. Sie ist ein Gesamterlebnis, in dessen Zentrum die als „Wiedergeburt“ umschriebene Selbstfindung steht.

Mignon

Kennst du das Land, wo die Citronen blühn,
Im dunkeln Laub die Gold-Orangen glühn,
Ein sanfter Wind vom blauen Himmel weht,
Die Myrte still und hoch der Lorbeer steht,
Kennst du es wohl?
Dahin! Dahin
Möcht' ich mit dir, o mein Geliebter, ziehn.

Kennst du das Haus? Auf Säulen ruht sein Dach,
Es glänzt der Saal, es schimmert das Gemach,
Und Marmorbilder stehn und sehn mich an:
Was hat man dir, du armes Kind, gethan?
Kennst du es wohl?
Dahin! Dahin
Möcht' ich mit dir, o mein Beschützer, ziehn.

Kennst du den Berg und seinen Wolkensteg?
Das Maulthier sucht im Nebel seinen Weg;
In Höhlen wohnt der Drachen alte Brut;
Es stürzt der Fels und über ihn die Fluth,

Kennst du ihn wohl?
Dahin! Dahin
Geht unser Weg! o Vater, laß uns ziehn!

Römische Elegien.

I.

Saget, Steine, mir an, o sprecht, ihr hohen Paläste!
Straßen, redet ein Wort! Genius, regst du dich nicht?
Ja, es ist alles beseelt in deinen heiligen Mauern.
Ewige Roma; nur mir schweiget noch alles so still.
O wer flüstert mir zu, an welchem Fenster erblick' ich
Einst das holde Geschöpf, das mich versengend erquickt?
Ahn' ich die Wege noch nicht, durch die ich immer und immer,
Zu ihr und von ihr zu gehn, opfre die köstliche Zeit?
Noch betracht' ich Kirch' und Palast, Ruinen und Säulen,
Wie ein bedächtiger Mann schicklich die Reise benutzt.
Doch bald ist es vorbei; dann wird ein einziger Tempel,
Amors Tempel, nur sein, der den Geweihten empfängt.
Eine Welt zwar bist du, o Rom, doch ohne die Liebe
Wäre die Welt nicht die Welt, wäre denn Rom auch nicht Rom.

V.

Froh empfind' ich mich nun auf klassischem Boden begeistert;
Vor- und Mitwelt spricht lauter und reizender mir.
Hier befolg' ich den Rath, durchblättre die Werke der Alten
Mit geschäftiger Hand, täglich mit neuem Genuß.
Aber die Nächte hindurch hält Amor mich anders beschäftigt;
Werd' ich auch halb nur gelehrt, bin ich doch doppelt beglückt.
Und belehr' ich mich nicht, indem ich des lieblichen Busens

Formen spähe, die Hand leite die Hüften hinab?
Dann versteh' ich den Marmor erst recht; ich denk' und vergleiche,
Sehe mit fühlendem Aug', fühle mit sehender Hand.
Raubt die Liebste denn gleich mir einige Stunden des Tages,
Gibt sie Stunden der Nacht mir zur Entschädigung hin.
Wird doch nicht immer geküßt, es wird vernünftig gesprochen;
Überfällt sie der Schlaf, lieg' ich und denke mir viel.
Oftmals hab' ich auch schon in ihren Armen gedichtet,
Und des Hexameters Maß leise mit fingernder Hand
Ihr auf dem Rücken gezählt. Sie athmet in lieblichem Schlummer,
Und es durchglühet ihr Hauch mir bis in's Tiefste die Brust.
Amor schüret die Lamp' indeß und denket der Zeiten,
Da er den nämlichen Dienst seinen Triumvirn gethan.

Johann Gottfried Herder (* 25. August 1744 in Mohrungen – † 18. Dezember 1803 in Weimar), Sohn eines Küsters und Mädchenschullehrers aus dem ostpreußischen Mohrungen, genoss bis 1762 an der Stadtschule den gestrengen Unterricht bei Rektor Grimm und studierte im Anschluss Theologie an der Universität Königsberg. Pragender jedoch waren die philosophisch-anthropologischen Vorlesungen bei Immanuel Kant und die Bekanntschaft mit Johann Georg Hamann, dem „Magus des Nordens". Seit 1764 wirkte Herder an der Domschule in Riga als Lehrer und Prediger. Hier erschien auch seine erste Schrift „Fragmente über die neuere deutsche Literatur" (1767), die ihn schlagartig in ganz Deutschland bekannt machte. 1769 verließ

Herder Riga, um eine längere Auslandsreise anzutreten, die ihn über Nantes, Paris, Brüssel, Antwerpen, Den Haag und Amsterdam nach Hamburg führte, wo er Lessing und Matthias Claudius traf. Nach kurzer Zeit als Erzieher beim Erbprinzen von Holstein-Gottorp reiste Herder nach Straßburg, um sich einer Augenoperation zu unterziehen. Dort lernte er Goethe kennen und begeisterte diesen für die neuen Ideale des Geniewesens, für Shakespeare und Volkspoesie. Nach fünf unbefriedigenden Jahren als Hofprediger in Bückeburg folgte er einem von Goethe vermittelten Ruf nach Weimar, wo er seit 1776 die Stelle des Oberhofpredigers, Generalsuperintendenten und Pastor primarius bekleidete. Neben seinen kirchlichen Aufgaben verfasste er zahlreiche Schriften zur Sprachphilosophie, Ästhetik und Theologie. Sein universalistischer Drang manifestiert sich jedoch aufs vollkommenste in den kulturhistorischen Werken, insbesondere den „Ideen zur Philosophie der Geschichte der Menschheit“ (1784) und den „Briefen zu Beförderung der Humanität“ (1793).

Herder, seit 1773 mit Caroline Flachsland verheiratet und bald Vorstand einer zahlreichen Familie, war im Grund eine unfrohe Natur, die sich nicht dem Weimarer Hofleben einzuordnen verstand. Von Goethes Italienberichten in seiner Reiseabsicht bestärkt, trat Herder im August 1788 im Gefolge des lebenslustigen katholischen Prälaten Hugo von Dalberg die Reise nach Italien an. Doch dem Versuch, auf Goethes Spuren Italien als eine Art Jungbrunnen zu erleben, blieb schon wegen der paradoxen Umstände der Erfolg verwehrt. Herder war nämlich finanziell auf die Reisegruppe angewiesen, deren Route seit der Ankunft von Dalbergs launenhafter Mätresse ständigen Änderungen unterworfen war. Erst im November gelang es ihm, sich mit einer Abfindung ausgestattet von der Gruppe zu trennen und sich der Reisegesellschaft der Weimarer Herzogin Anna Amalia anzuschließen. Anders als Goethe, der sich den deutschen Künstlern in Rom zugehörig fühlte, blieb Herder, schon wegen des geistlichen Berufs, ein Außenseiter, der allenfalls mit dem römischen Klerus verkehrte, wo er als ‚Bischof von Weimar‘ galt. Den sittenstrengen Geistlichen stieß die derbe Sinnlichkeit des italienischen Alltags zunehmend ab. Trost fand er auch in der Freundschaft zur Malerin Angelika Kauffmann, die er gegenüber der zu Hause gebliebenen Gattin in den höchsten Tönen rühmte und dadurch ungewollt deren Eifersucht entfachte. Ein anderer Ausgleich für die menschliche Einsamkeit war seine Beschäftigung mit der Kunst der Antike. Hingebungsvoll betastete der schwarz gekleidete Geistliche die im vatikanischen Museum aufgestellten weiblichen Statuen und gab damit praktische Proben für die Stimmigkeit seiner Ansichten über die Rolle der Haptik. Die Skulpturen der antiken Götter galten ihm – wie aus seinem großen, eine Summe seiner Italienerfahrung ziehenden Gedicht „Stanzen“ ersichtlich wird – geradezu als Verkörperung des idealen Menschentums. Wenn Herder sich in Italien irgendwo wohl gefühlt hat, dann war dies auf seinem Abstecher nach Neapel, wo er sich an der herrlichen Natur begeisterte. Die Heimreise im Frühjahr 1789 führte ihn über Ferrara, Florenz, Venedig, Padua, Verona, Parma und Mailand. Anfang Juli traf Herder wieder in Weimar ein. Paradoxerweise fand er in Italien nicht das Land seiner Sehnsucht, sondern entdeckte die Liebe zum eigenen Land.

Der für Herders Prosa so typische rhapsodische Duktus findet sich in seinen eher klassizistisch gebauten Italiengedichten nicht. Bezeichnend für sie ist der abstrakte Zugang, quasi eine Kompensation misslungener Wirklichkeitserfahrung. So kommt es nicht von ungefähr, dass sich Herders poetische Verarbeitung des Italienerlebnisses am unverstelltesten in einem Erinnerungsgedicht manifestiert, dem Gedicht „Angedenken an Neapel“, das die wenigen schönen Stunden, die Italien ihm bereitete, als fernen Traum eines „beglückten Lebens“ beschwört.

Angedenken an Neapel

1789

Ja, verschwunden sind sie, sind verschwunden,
Jene kurzen, jene schönen Stunden,

Die auch ich am Pausilipp erlebt.
Holder Traum von Grotten, Felsen, Hügeln,
Inseln und der Sonne schönen Spiegeln,
Seen, Meer – du bist mir fortgeschwebt!

Fortgeschwebt die zaubernde Sirene,
Die mich ohne süßer Flöten Töne
Schwesterlich in ihre Arme nahm;
Und mein Herz schlug voller und geschwinder,
Und mein Blut floß reiner und gelinder,
Da ihr Athem mir entgegen kam.

Sehnend sah ich ihres Busens Wellen
Sanfter sich und reger zu mir schwellen,
Schwamm dann mit der Fläche sanft dahin;
Sah den schönen Kranz von Fels und Hügeln,
Sah die Sterne, sah den Mond sich spiegeln
In der süßen Freudegeberin.

Sah die Inseln in den Wellen schweben,
Träumt' auf ihnen ein beglücktes Leben,
Unbekannt und aller Welt entflohn;
Sammelt' nur um mich den Kreis der Meinen –
Ach, ihr Wellen, oft saht ihr mich weinen
Um sie, für sie, zu der Göttin Thron!

Wenn die Abendröth' im stillen Meere
Sanft verschwebte, und mit seinem Heere
Glänzender der Mond zum Himmel stieg,
Ach, da flossen mit so neuem Sehnen
Unschuldvolle, jugendliche Thränen;
Nur ein Seufzer sprach, und alles schwieg.

Nimmer, nimmer sollt ihr mir entschwinden,
Immer wird mein Herz euch wiederfinden,
Süße Träume, rein und zart und schön.

Nie wird euch mein Auge wiedersehen,
Doch ein Hauch wird lispelnd zu euch wehen:
„Ich, auch ich war in Arkadien."

Friedrich von Matthisson (* 23. Januar 1761 in Hohendodeleben bei Magdeburg – † 12. März 1831 in Wörlitz), Sohn des Pfarrers Johann Friedrich Matthisson († 1760), besuchte seit 1773 das Pädagogium Klosterbergen bei Magdeburg und studierte von 1778 bis 1781 Theologie, Philosophie und Literatur in Halle. In den Jahren 1781 bis 1783 wirkte er als Lehrer am Philantropin Basedows in Dessau. Als Privaterzieher der zwei livländischen Grafen Sievers bereiste er anschließend Deutschland, wo er zahlreiche literarische Bekanntschaften schloss (Klopstock, Voss). Danach hielt er sich zwei Jahre bei seinem Freund Karl Viktor von Bonstetten am Genfer See auf, trat 1789 die Stelle eines Erziehers im Hause des Lyoner Kaufmanns Scherer an, kehrte aber bald wieder an den Genfer See zurück, wo er Freundschaft mit Johann Gaudenz von Salis-Seewis und Friederike Brun schloss. 1793 heiratete er Louise von Glafey, die Hofdame der Fürstin Luise von Anhalt-Dessau; die Ehe wurde allerdings bereits 1797 geschieden. Am Hof der Fürstin bekleidete er seit 1794 das Amt des Vorlesers. 1795 reiste er in ihrem Gefolge für ein Jahr nach Italien, wo sie zahlreiche kulturell und historisch bedeutende Städte und deren Sehenswürdigkeiten besuchten. Im Sommer 1796 kehrten sie über Venedig, Triest und Wien nach Dessau zurück. In den folgenden Jahren lebte er zwischen den Polen Wörlitz und Genfer See, wenn er nicht gerade mit der Fürstin auf Reisen (Schweiz,

Tirol, Italien) war. 1810 heiratete er Luise Schoch. Nach dem Tode der Fürstin trat er 1812 in die Dienste des Königs Friedrich I. von Württemberg († 1816). In Stuttgart, wo er 16 Jahre blieb, wurde er Mitglied der Hoftheater-Oberintendanz und Oberbibliothekar, erhielt verschiedene Orden und wurde sogar geadelt. Sein angenehm-vermittelndes Wesen entsprach der schwäbischen Sowohl-als-auch-Mentalität. 1819 reiste er abermals im Gefolge der Frau des Herzogs Wilhelm von Württemberg nach Italien (Florenz). 1827 schied er aus dem königlichen Dienst aus, zog sich nach Wörlitz zurück, wo er seinen Lebensabend verbrachte.

Matthissons Gedichte sind Produkte einer Synthese aus schwärmerischer Empfindsamkeit und humanistischer Bildungstradition; wegen ihrer mythologischen Gewandung gehören sie durchaus in den Wirkungskreis des von Winckelmann initiierten Klassizismus. Matthissons Lyrik ist ein Übergangsphänomen, zwischen Aufklärung und Romantik angesiedelt und insofern besonders anfällig für Zustimmung (Wieland, Schiller) und Kritik (A. W. v. Schlegel) aus allen Lagern. Insgesamt weist sie wenig poetische Eigenart auf. Dass indes zahlreiche seiner Gedichte von Beethoven („Adelaide") und Schubert vertont wurden, zeugt jedoch von ihrer immanenten Musikalität. Das Italienbild, das seine in Distichen gehaltenen Elegien offenbart, übersteigt nicht den von Winckelmann vorgeprägten Wahrnehmungsraum.

Die Landschaft

Hier in des Feigenbaums dunkler Umlaubung das friedliche Moosdach,
Jene Kaskade die wild über den Felsenhang schäumt,
Nah', die mit Pinjen bekrönten, mit Lorbeern umgürteten Hügel,
Fern, die Ruinen der Burg, kühn in die Bläue gethürmt:
Herrlich vor Tausenden mußte dies heute dem Wandrer erscheinen,
Der sich auf Alpenschnee noch gestern im Nebel verlor.

Campo Vaccino

Seht! wie der bärtige Mönch zur Kanzel die Tonne sich aufstellt,
Dicht vom unendlichen Troß lungernder Bettler umdrängt,
Hier, wo die Rostra sich einst am Tempel Kronions erhuben
Und ihres Redners Triumph über den Erdkreis erscholl.
Ciceros Donner verhallten; es folgte die Kapuzinade:
Feldherrn, im Pompe des Siegs, wichen der Prozession
Märtyrerbilder, geweiht in Loretto, küßt gläubig der Pilger,
Wo dein bekränzter Altar, heitre Konkordia! stand.
Dort, um den Bogen Severs, wo Krüppel ihr Jammerlied heulen,
Thürmten Jahrhunderte stets höher und höher den Schutt.
Dürftigkeit flickte das Obdach an trauernde Marmorportale,
So wie die Schwalb' an den Sims klebte das luftige Nest.
Wo sich mit Wundern der Kunst, o Friede! dein Heiligthum schmückte,
Lagern, dem Fleischer zur Wahl, Stiere sich käuend umher.
Wo, vor dem Kaiserpallaste, die Prätorianer in stolzer
Herrlichkeit schimmerten, dreht einsam der Seiler das Rad.
Krähend nimmt Polischinell seinen Stand, wo, nach heiliger Sage,
In den flammenden Riß muthig sich Kurtius warf.
Ha! wie zum komischen Liebling des Markts die Gemeinde der Frommen,
Schnell sich vom tragischen kehrt, welcher die Tonne bestieg!

Johann Gottfried Seume (* 29. Januar 1763 in Poserna/Kursachsen – † 13. Juni 1810 in Teplitz/Böhmen), Sohn eines Landwirts und Böttchers und einer Bauerntochter. Nach Besuch der Dorfschule in Knautkleeberg (ab 1770), der Lateinschule in Borna (ab 1777) und seit 1779 der Leipziger Nikolaischule studierte Seume seit 1780 an der Universität Leipzig Theologie, ein Studium, das allerdings nicht seiner freigeistigen Gesinnung entsprach. 1781 wurde er in Vacha/Thüringen, auf dem Weg nach Metz, wo er Zugang zur Militärschule zu finden hoffte, von Soldatenwerbern ergriffen und vom berüchtigten Landgrafen von Hessen-Kassel an die englische Armee verkauft, um in Amerika für die Engländer und gegen die amerikanische Unabhängigkeitsarmee zu kämpfen. Zwischen September 1782 und August 1783 hielt er sich in Amerika auf, ohne in Kämpfe verwickelt zu werden. Pech hatte er abermals, als er nach der Rückkehr in Bremen bald darauf den Werbern Friedrichs II. in die Hände fiel und als Musketier in Emden bis 1787 dienen musste. Nach Absitzung einer Kerkerstrafe für zwei weitere missglückte Fluchtversuche kam er gegen Kaution frei und konnte Jurisprudenz, Philosophie, Altphilologie und Geschichte in Jena studieren. 1790 erhielt er eine Anstellung als Hofmeister beim livländischen Grafen von Igelström, erwarb den Magistergrad und habilitierte sich 1792 mit der Arbeit „Arma veterum cum nostris breviter comparata“ (Kurzer Vergleich zwischen den Waffen der Alten und den unseren). Bei des Grafen Bruder, dem russischen General von Igelström, arbeitete er seit August 1792 als Sekretär und Adjutant und erlebte im Januar 1793 die Niederschlagung des polnischen Aufstandes in Warschau. Von April bis September 1794 geriet Seume in Gefangenschaft. Nach der ehrenvollen, aber nicht mit einer Pension verbundenen Entlassung aus der russischen Armee wirkte Seume als Hauslehrer in Leipzig, von 1797 bis 1801 als Korrektor im Verlag von Georg Joachim Göschen in Grimma. Im Jahre 1801 erschienen seine „Gedichte“ im Leipziger Hartknoch-Verlag. Am 6. Dezember 1801 brach er zu seiner seit 1797 geplanten fast einjährigen Italienreise auf; er

marschierte in nur neun Monaten von Wien über Triest, Venedig, Bologna und Rom bis Neapel – von hier ging es mit dem Schiff nach Palermo –, dann weiter zu Fuß rund um Sizilien herum; zurück nach Neapel, Rom, Florenz, Mailand, Zürich, Basel, Paris, Nancy, Straßburg, Frankfurt am Main, Weimar. Im August 1802 kehrte er nach Leipzig zurück. Beschrieben hat er die Reise in seinem berühmtesten Werk, der Reisebeschreibung „Spaziergang nach Syrakus im Jahre 1802“ (1803), die er ein halbes Jahr nach der Rückkehr fertig stellte. Nachdrücklich erklärt er, er sei *nicht* nach Italien gegangen, „um vorzüglich Kabinette und Gallerien zu sehen“ oder um gelehrte Studien zu treiben. Tatsächlich unterscheidet er sich von allen vorausgehenden Reisenden durch den nüchternen Blick auf den italienischen Alltag, das Engagement bei der Aufdeckung des sozialen Elends sowie die beißende Kritik am feudalistischen Regierungssystem und am katholischen Klerus. Die zweite große Reise nach Polen, Russland, Finnland, Schweden und Dänemark unternahm Seume zwischen April und September 1805 („Mein Sommer 1805“, publ. 1806). Auch in seinem Trauerspiel „Miltiades“ (1808) manifestiert sich Seumes geschichtshistorischer Pessimismus. In den letzten Jahren ging es Seume in finanzieller Hinsicht schlecht, da er an Gicht und einer Nierenerkrankung litt und nicht mehr als Hauslehrer wirken konnte. Freunde mussten ihm einen Kuraufenthalt in Teplitz finanzieren, wo er am 13. Juni 1810 verstarb. Lesenswert ist seine Fragment gebliebene, posthum publizierte Autobiographie „Mein Leben“.

Seume war ein aufrechter und geradsinniger Republikaner, lebte asketisch und hatte einigermaßen radikale Überzeugungen, mit denen er nicht hinter dem Berg hielt. In seinen Schriften wurde er nicht müde, die Überlegenheit einer freien bürgerlichen Gesellschaft über eine feudale Gesellschaft zu betonen. Kein Wunder, dass er in einem servilen Jahrhundert wenig Glück hatte! Seine Italienlyrik bietet ein beredtes Zeugnis seiner republikanischen Gesinnung. Trotz mäßiger Phantasie und Kunstfertigkeit vermag sie doch die historische und mythologische Versiertheit einer Überzeugungs-Rhetorik dienstbar zu machen, die sich dem aufklärerischen Auftrag, das unmündige Menschengeschlecht politisch zu erziehen, verpflichtet weiß.

Ich eilte fort, und Nachtigallen schlugen
Mir links und rechts in einem Zauberchor
Den Vorgeschmack des Himmels vor,
Und laue, leise Weste trugen
Mich im Genuß für Aug' und Ohr
Durch Gras wie Korn, und Korn wie Rohr.
Balsamisch schickte jede Blume
Mir üppig ihren Wohlgeruch,
Der Göttin um uns her zum Ruhme,
Aus Florens großem Heiligtume;
Und rund umher las ich das schöne Buch
Der Schöpfung, jauchzend, Spruch vor Spruch.
Die goldnen Hesperiden schwollen
Am Wege hin in freundlicher Magie,
Und Mandeln, Wein und Feigen quollen
Am Lebensstrahl des Segensvollen
In stillversteckter Eurhythmie,
Und Klee, wie Wald, begrenzte sie.
Ich eilte fort, hochglühend ward die Sonne,
Und fühlte schon voraus die Wonne,
Mit Pästums Rosen in der Hand,
An eines Tempels hohen Stufen,
Wo Maro einst begeistert stand,
Die Muse Maros anzurufen.
Die Tempel stiegen, groß und hehr,
Mir aus der Ferne schon entgegen,
Da ward die Gegend menschenleer
Und öd' und öder um mich her,
Und Wein wuchs wild auf meinen Wegen.
Da stand ich einsam an dem Tore
Und an dem hohen Säulengang,
Wo ehemals dem entzückten Ohre

Ein voller Zug im vollen Chore
Das hohe Lob der Gottheit sang.
Verwüstung herrscht jetzt um die Mauer,
Wo einst die Glücklichen gewohnt,
Und mit geheimem, tiefem Schauer
Sah ich umher und sahe nichts verschont;
Und meine Freude ward nun Trauer.
Umsonst blickt Titan hier so milde,
Umsonst bekrönet er im Jahr
Zweimal mit Ernte die Gefilde –
Du suchst von allem, was einst war,
Umsonst die Spur; ein zottiger Barbar
Schleicht mit der Dummheit Ebenbilde,
Ein Troglodyt, erbärmlicher als Wilde,
Um den verschütteten Altar.
Nur hie und da im hohen Grase wallt,
Den Menschensinn noch greller anzustoßen,
Dumpf murmelnd eine Mönchsgestalt.
Freund, denke Dir die Seelenlosen!
In Pästum blühen keine Rosen.

Friederike Sophie Christiane Brun, geb. Münter (* 3. Juni 1765 in Gräfentonna/Thüringen – † 25. März 1835 in Kopenhagen), Tochter Balthasar Münters, eines Predigers an der St. Petrikirche in Kopenhagen. Ihr Bruder Friedrich wurde später Bischof in Kopenhagen. Friederike Brun, die im Alter von fünf Jahren nach Kopenhagen kam, wuchs in dem um Friedrich Gottlieb Klopstock zentrierten, pietistisch geprägten deutschen Kreis heran, wo sie auch die Bekanntschaft mit den Brüdern Christian und Friedrich Leopold zu Stolberg-Stolberg machte. 1783 heiratete sie den dänischen Legationsrat Konstantin Brun. Sie begleitete ihn nach St. Petersburg, wo er ein Jahr als Konsul amtierte, sowie auf verschiedenen Reisen durch die Schweiz, Südfrankreich und Italien.

Dort lernte sie zahlreiche Persönlichkeiten kennen: den Philosophen Karl Viktor von Bonstetten, den Historiker Johannes von Müller, den Altertumsforscher und Koptologen Johann Georg Zoëga, den Kunstschriftsteller Karl Ludwig Fernow, die Schriftstellerin Germaine de Staël und den Dichter Friedrich Matthisson, der die erste Sammel-Publikation ihrer Gedichte veranlasste. Goethe, dem sie 1795 in Karlsbad begegnete, formte ihr bekanntestes Gedicht „Ich denke dein“ in sein Gedicht „Nähe des Geliebten“ um. Friederike verlor bereits 1788/89 weitgehend ihr Gehör, ohne es wieder zu erlangen. Sie liebte das Reisen; in den Jahren zwischen 1801 und 1810 hielt sie sich vor allem in den südeuropäischen Ländern auf. In Rom gehörte sie dem deutschen Künstlerkreis an; sie trat für den Maler Asmus Jakob Carstens, den Bildhauer Bertel Thorvaldsen ein und war mit der Malerin Angelika Kauffmann befreundet. 1810 ließ sie sich endgültig in Dänemark nieder und lebte abwechselnd in Kopenhagen und auf ihrem Landsitz Sophienholm.

Ihre literarische Bedeutung hat Friederike Brun als Reiseschriftstellerin („Tagebuch einer Reise durch die östliche, südliche und italienische Schweiz“, 1800; „Episoden aus Reisen durch das südliche Deutschland, die westliche Schweiz, Genf und Italien in den Jahren 1801, 1802, 1803“, 3 Bde., 1806–16; „Sitten- und Landschaftsstudien von Neapel und seinen Umgebungen“, 1818; „Briefe aus Rom, geschrieben 1808–10“, 1818; „Römisches Leben. 2 Teile“, 1833). Ihre zunächst in Almanachen veröffentlichten Gedichte („Gedichte. Hg. Friedrich von Matthisson“, 1795; „Neue Gedichte“, 1812; „Neueste Gedichte“, 1820) führen die klassizistisch-empfindsame Spielart Friedrich Matthissons fort und entwickeln sie in Richtung Romantik weiter. Hervorzuheben ist an ihren, teilweise auf antike Vorbilder zurückgreifenden Versen rhythmische Beschwingtheit und wortschöpferische Qualität. Auch als Verfasserin einer Autobiographie ist sie hervorgetreten („Wahrheit aus Morgenträumen und Idas ästhetische Entwicklung", 1824).

Rückkehr auf sich selbst

Meer, das hell den schimmernden Aether spiegelt,
Sanft die Wälder röthlicher Küsten gürtend
Mich vergebens lockst du mit deinen süßen
  Schmeichelnden Tönen!

Vormals lauscht' ich gerne den süßen Tönen,
Als noch Kraft und Hoffnung mich ringsumblühten,
Und die Rosenknospe der süßen Liebe
  Kränzte die Leyer.

Ruhmeslieb' und goldene Sternenkränze,
Lorbeerzweig' und süßere Myrtenkronen,
Reiner Lieb' und himmlischer Freundschaft Palmen,
  Winkten mir strahlend!

Kühn entgegen dem hohen Ziele stürzt' ich,
Daß mir Staub die bräunliche Lock' umwallte!
Achtend nicht des niederen Hohnes trüber,
  Feindlicher Geister!

Meine Palmen hat mir des Freundes Untreu,
Lorber mir, und Myrtengesproß gewelket;
An die falbe Weide der Thränen hing ich
  Klagend die Leyer!

Drum vergebens lockest du nun, o Meer, mich,
Und du holdumblüheter Hain der Wonne,
Wo die bunte Fülle der goldnen Aepfel
  Trügerisch winket!

Mir gegrüßet seyd ihr, o grünen Thale,
Sanft durchwallt vom rieselnden Silberbache;
Wo im Schoos des Friedens mir tiefe Stille
Hüllet den Busen!

Sanftgeneigter Oelbaum, in deinem Schatten
Wandelt ernst die Weisheit: dort wohnt der Frieden;
Und mir schöpf' ich fürder aus eignem Busen
Fülle des Lebens!

Das Wiedersehn

Fröhlicher eil' ich hinab, in die südlichen Wonnegefilde;
Hinter mir bleibet der Frost, hinter mir Winter und Schnee;
Vor mir entfaltet sich mild Italiens ewige Blüthe;
Schimmernd grünet die Höh', röthlich duftet das Thal;
Strahlend glüht noch im Osten die Purpurrose der Alpen
Duftig verklärend das Eis, himmelröthend den Schnee,
Leise dämmert' es schon, da fliegt aus umdufteter Tiefe
Schaurig umraget ein See, bläulich spiegelnd und hold;
Mild wie das Antlitz der Ruh, von schlummernder Anmuth umgeben,
Lächelt er lieblich im Schooß mächtiger Berge versenkt:
Pinien senken den Schirm hochab vom luftigen Felsen,
Und, dem Lorbeer vermählt, liebend die Mirthe sich schon!
Herrliches Land, wo, im Schutz der Eisgepanzerten Alpen,
Jedes blühende Kind südlicher Sonnen entsprießt!
Hier vom freien Balkon überblick' ich die Breite des Seees;
Dämmernd versteckt sich sein Haupt, neben umnachtetem Fels.
Friedlich entsteiget der Mond des Waldbergs ragendem Rücken,
Und die Brücke voll Glanz baut aus den Fluthen sich auf.
Doch was erbebst du, mein Herz? wie faßt dich gewaltige Ahnung?
Nahet dir Freud' oder Schmerz? Sag' es, o klopfendes Herz!

Ach ein Nachen erscheint, auf der röthlich spiegelnden Fläche,
Still übergleitet er dort dämmernde Tiefen des See's,
Schnell durchschneidet er nun mit blitzenden Rudern die Wogen …
Halt', o zitterndes Herz, sprenge nicht angstvoll die Brust!
Schmerz der Freude! o laßt im süßen Leide mich sterben;
Wiedersehen, du bist selig und furchtbar zugleich!

Wilhelm von Humboldt (* 22. Juni 1767 in Potsdam – † 8. April 1835 in Tegel bei Berlin), ältester Sohn des Kammerherrn Alexander Georg Freiherrn von Humboldt, genoss zusammen mit seinem Bruder Alexander eine umfangreiche Ausbildung und Erziehung. In Göttingen studierte er Jura, hörte bei dem Philologen Christian Gottlob Heyne „Klassische Altertümer“ und beschäftigte sich mit der Philosophie Immanuel Kants. Ein Jahr später begann er eine Tätigkeit als Jurist am Berliner Kammergericht. Zeitgleich entstanden Freundschaften zu Friedrich Heinrich Jacobi, Friedrich Schiller und Johann Wolfgang Goethe. Kurze Zeit später schied er aus dem preußischen Staatsdienst aus. 1791 vermählte er sich mit Caroline von Dacheröden. Im September 1802 verließ Humboldt mit seiner Familie Berlin, um den König von Preußen als Resident beim Vatikan in Rom zu vertreten. Nach sechs Jahren in der italienischen Metropole wurde er als Leiter des Kultus- und Unterrichtswesens in das preußische Innenministerium berufen. 1809 konzipierte er die Berliner Universitätsstruktur (seit 1949 Humboldt-Universität) und die humanistische Gymnasialbildung. Humboldt wurde Staatsminister und

als Gesandter nach Österreich geschickt. Sieben Jahre später musste er gegen seinen Wunsch als Diplomat nach London gehen. Erst 1819 durfte er nach Berlin zurückkehren. Er wurde zum Minister für ständische und kommunale Angelegenheiten ernannt, jedoch noch Ende des Jahres wegen seiner Ablehnung der Karlsbader Beschlüsse und eines Versuches, eine liberale Verfassung für Preußen durchzusetzen, aller Ämter enthoben. Die folgenden Jahre verbrachte Humboldt abseits der politischen Auseinandersetzungen, um sich seinen sprachwissenschaftlichen Studien zu widmen. Nach dem Tod seiner Frau 1829 beschloss Humboldt fortan jeden Tag mit einem Sonett zu beenden. 1830 erhielt er seinen Sitz im Staatsrat zurück. Am 8. April 1835 verstarb er im Alter von 67 Jahren in Tegel bei Berlin.

Humboldt war nicht wie viele seiner Zeitgenossen als Künstler oder Wissenschaftler in Italien, sondern als Vertreter des Königs von Preußen. Er hatte die Aufgabe die politischen Abläufe am römischen Hofe, die Vorgänge innerhalb der katholischen Kirche und das Treiben der Ex-Jesuiten zu beobachten und Bericht zu erstatten. Wenngleich sich Humboldt auch für Politik und Kultur von Mailand, Florenz und Parma interessierte, kann man die Stadt der sieben Hügel durchaus als Mittelpunkt seines italienischen Lebensabschnittes ansehen. Keine andere Stadt konnte den Polyhistor so in den Bann schlagen. Humboldts Begeisterung für Rom war – wie auch für Goethe – vorwiegend von ästhetisch-sinnlicher Art. Jedoch blieb dieses träumerisch verklärte Bild von ihm nicht unreflektiert. Er erklärte es sich durch seine Antikenbegeisterung. Oft streifte er durch die Straßen und Ruinen und wanderte durch die Gegenden um die Stadt. Er nahm auch die wachsende Not der römischen Bevölkerung wahr, die unter Repressionen Bonapartes litt. In Rom fungierte er als eine Art Botschafter deutscher Kultur. Da er im Gegensatz zu Goethe jedoch nicht als Privatmann residierte, gewann dieser Habitus einen offiziellen Charakter und die Villa der Familie stieg bald – besonders für deutsche Künstler – zu einem geistigen Zentrum der Weltstadt auf.

Rom

Nichts geht über die Einsamkeit, Freund, die im Busen geniesset,
Wer in der heiligen Rom steht auf den Gipfeln Quirins.
Nichts vermisset sein Herz, auch die Nähe nicht der Geliebten;
Alles was schön ist und gross, stehet lebendig vor ihm.
Und aus der Grösse Gefühl spriesst Ruh des beschwichtigten Busens,
Die nach tieferer Ruh drunten im Grabe sich sehnt.
Ein Pfad führet allein zum sternumglänzten Olympus,
Tief durch der Erde Geklüft geht er in Schatten der Nacht.
Furchtbar wol mag er erscheinen, wer einsamen Fusses ihn wandelt,
Mein, ach! harret des Sohns freundlich geleitende Hand.

Stella

In tiefe Wehmuth liess mich Rom versinken;
wenn alle Sinne hohe Milde trinken,
in Weichheit hin der Seele Kräfte gehen,
und sich zu stillergossnen Thränen drehen.

Verfallne Riesentrümmer ernst uns winken;
die Zeiten, die die edelsten uns dünken,
auf diesem Boden lehren uns verstehen,
was sie, als Schicksalsausspruch, uns zuwehen:

dass Menschenglück kann nie und nimmer währen,
dass es, wie Rauch, sich in der Luft verlieret,
allein dass Schmerz zu tiefrem Daseyn führet,

und Menschenglück ist Glück vergossner Zähren.
Da Wehmuth mich in Rom zu Härte wandte,
die nie mein weicher Frauensinn sonst kannte.

August Wilhelm von Schlegel (* 8. September 1767 in Hannover – † 12. Mai 1845 in Bonn), Sohn des evangelischen Pfarrers und Schriftstellers Johann Adolf Schlegel, studierte Theologie und Philologie an der Universität Göttingen, wo er durch den Altphilologen Christian Gottlob Heyne für die Antike und durch den Dichter-Professor Gottfried August Bürger für Shakespeare und die zeitgenössische Literatur begeistert wurde. Nach vier Jahren Hauslehrertätigkeit in Amsterdam (1791–95) lebte er in Jena, wo er von 1798 bis 1801 als Professor an der dortigen Universität wirkte und die „Romantische Schule" wesentlich prägte – neben seinem Bruder Friedrich Schlegel, Johann Gottlieb Fichte, Friedrich Wilhelm Joseph Schelling, Ludwig Tieck und Friedrich von Hardenberg gen. Novalis. Er betätigte sich als Mitarbeiter an Schillers Zeitschrift „Die Horen", als Rezensent an der „Allgemeinen Literaturzeitung" und als Mitherausgeber der Zeitschrift „Athenäum" (1798–1800). Seine Hauptleistung war die Übersetzung von 17 Dramen Shakespeares (1797–1810), bei der ihn seine Frau Caroline geb. Böhmer, die Tochter des Göttinger Orientalisten Johann David Michaelis, unterstützte und die von Wolf Heinrich von Baudissin und Dorothea Tieck vollendet wurde. Berühmt wurden seine vor einem Privatkreis in Berlin gehaltenen Vorlesungen „Über schöne Litteratur und Kunst" (1884 veröffentlicht), in denen er die Ebenbürtigkeit der antiken, der germanischen und romanischen Literatur des Mittelalters behauptete. 1803 ließ Schlegel sich von seiner Frau Caroline scheiden und lebte bis 1817 als Lebenspartner der französischen Schriftstellerin Germaine de Staël in deren Schloss Coppet am Genfersee und begleitete sie auf Reisen nach Italien,

Österreich, Russland, Dänemark und Schweden. 1808 hielt Schlegel in Wien vor einem zweihundertköpfigen Auditorium Vorlesungen „Über dramatische Kunst und Litteratur“ (1809–11 veröffentlicht), in denen er sich neben Shakespeare auf die ebenfalls von ihm übersetzten Calderón-Dramen (1803–09) bezog. 1813 trennte er sich von Mme. de Staël und trat, als Redenschreiber und Verfasser von Proklamationen, in die Dienste des schwedischen Kronprinzen. 1818 folgte er einem Ruf als Professor für Literatur- und Kunstgeschichte an die Universität Bonn und wurde, neben Wilhelm von Humboldt und Franz von Bopp, zu einem der Begründer der vergleichenden Literaturwissenschaft. Besondere Verdienste erwarb er sich um die Einrichtung der Romanistik und der altindischen Philologie. Zwischen 1829 und 1846 widmete er sich der Edition und Übersetzung der indischen Epen „Bhagavad-Gita“ und „Rasasana“. Neben der wissenschaftlichen Tätigkeit und den Übersetzungen verfasste Schlegel auch eigene Dichtungen; so das wenig erfolgreiche Drama „Ion“ (1803) und zahlreiche Gedichte (Gedichte. Tübingen: Cotta 1800). Da Schlegel in forma len Dingen von großer Versiertheit war, bediente sich auch Goethe in metrischen Fragen seines Rats. Seine eigenen Gedichte überzeugen mehr durch formale Gekonntheit als durch Originalität und Individualität.

Der Dom zu Mailand

Anm. (von 1811). Dieses Wunderwerk der gothischen Baukunst ist dadurch in seiner Art einzig, daß es von außen und innen mit weißem Marmor bekleidet, und die schlanke Thurmspitze ganz daraus erbaut ist. Der Ueberfluß an Marmor hat auch die Verzierung mit einer unzählbaren Menge Bildsäulen veranlaßt. Von einem deutschen Meister entworfen, ist das Gebäude nachher durch einen Architecten aus der Schule des Michel Angelo weitergeführt, und die Vorderseite nach dem Geschmacke der damaligen Zeit abgeändert. Endlich ist der Bau liegen geblieben, so daß im Jahre 1805 noch ein Theil des Daches bloß mit Holz gedeckt war.

Gebirge du von Pfeilern, Bogen, Mauern,
Mit deutscher Kunst des welschen Himmels Prangen!
An deinem hochgethürmten Umriß hangen
Die Blicke staunend halb und halb mit Trauern.

Ein steinern Heer von Vätern und Erbauern
Der Kirche hält dich, selbst ihr Bild, umfangen,
Und lehrt, wie wandelbar die Zeit empfangen
Wahrheit, so alle Zeit soll überdauern.

Der Chor vertieft sich ernst in farb'gem Lichte,
Doch Eitelkeit der klügelnden Geschlechter
Hat das Portal der alten Form entwendet.

Nun laßen sie, des Heiligen Verächter,
In nacktem Wust den Tempel unvollendet,
Und so verstummt die marmorne Geschichte.

Friedrich Ludwig Zacharias Werner (* 18. November 1768 in Königsberg – † 17. Januar 1823 in Wien), Sohn eines Professors der Geschichte und der Beredsamkeit in Königsberg und einer pietistischen, dem religiösen Wahnsinn verfallenen Mutter, studierte seit 1784 Philosophie, Rechts- und Kameralwissenschaften an der Universität Königsberg, brach das Studium jedoch ab und trat 1793 in den preußischen Staatsdienst ein, in dem er zehn Jahre lang auf untergeordneten Positionen (1793 Kammersekretär in Südpreußen, später in Warschau) aushielt. Er war mit dem Verleger Julius Eduard Hitzig und dem Schriftsteller E. T. A. Hoffmann befreundet. Werner besaß ein so exzessives wie exzentrisches Gemüt, das sich im Leben wie im Dichten manifestierte.

Hatte sein Dichten durchaus missionarische Züge, und zwar im Sinne einer Verkündigung christlicher Tugenden, so war sein Leben doch ziemlich triebgesteuert, wie zwei (seiner drei) Ehen mit wenig gut beleumundeten Frauen und zahlreiche Affären ausweisen. In Warschau entstanden die beiden Schauspiele „Die Söhne des Tals“ (1803–1804) und „Das Kreuz an der Ostsee“ (1806), die seine Fähigkeit zu effektvoller Dramaturgie belegen. In Berlin verhalf der berühmte Schauspieler Iffland dem Drama „Martin Luther oder die Weihe der Kraft“ (1806) zu großem Bühnenerfolg. 1807 lernte er auf einer Reise nach Weimar Goethe kennen, der seine Tragödie „Wanda, Königin der Sarmaten“ im folgenden Jahr aufführen ließ. Für Werner sollte das Theater geradezu Aufgaben des antiken Tempels erfüllen, das neue Drama einen idealisierten Katholizismus verkünden. Nach der Aufführung des einaktigen Schicksalsdramas „Der vierundzwanzigste Februar“ in Weimar (und zwar am 24. Februar 1810) reiste Werner nach Wien, Paris und zu Germaine de Staëls Wohnsitz Schloss Coppet. In Rom trat er am 19. April 1811 zum Katholizismus über und erreichte die päpstliche Annullierung seiner drei geschiedenen Ehen. 1814 ließ er sich in Aschaffenburg zum Priester weihen und widerrief im Drama „Die Weihe der Unkraft“ seine früheren Dichtungen. In Wien hielt er während des Wiener Kongresses Aufsehen erregende Predigten und las der französischen Exkaiserin Marie Luise aus seinem Drama „Kunegunde die Heilige“ vor. Nach Aufenthalten in Podolien beim Grafen Choloniewski (1816) und in Kamieniec lebte er von 1819 bis zu seinem Tod im Wiener Augustinerkloster. Werner hat zwischen 1808 und 1813 zahlreiche Italiengedichte verfasst, in denen die Spannung zwischen irdisch-derber Sinnenlust und mystisch-religiösem

Höhenflug spürbar ist. Seine Diktion ist nicht unverkrampft: Ein Meister der deutschen Sprache war er durchaus nicht, und seine Verse holpern oft mehr schlecht als recht dahin. Schon Goethe hatte bei Werners Aufenthalt in Weimar (Dezember 1808) dessen „schiefe Religiosität" gerügt; auch in seinen Rom-Gedichten manifestiert sie sich oft, in den unangemessenen Bildern und im frömmlerischen Ton.

Roms Springwässer

(Den 23. Oktober 1811, als am nämlichen Vormittage, bei der Fontaine auf Pietro di Promontorio.)

Der Ströme Lust erfreut die Stadt des Herrn!
Drum sprüht auf Roma's Plätzen mit Gebraus
Das Wasser seine freud'gen Geister aus,
Die glorreich drangen aus der Erde Kern!

Auch weilt's auf Roma's sieben Hügeln gern,
Um kühn zu schauen sein siderisch Haus,
Und sprudelnd lacht's der Sterne Welten aus;
Denn nah ist Gott in Rom, die Sterne fern!

Dann tanzt es plätschernd bei den Pinienhainen
Pamphili's; sonnt sich in Borghesens Spiegel,
Und tändelt an Albani's Säulgewinden.

Und ob auch Riesenpfeiler es umzäunen,
Schwingt's über sie die diamantnen Flügel,
Wo Gott wollt', auf den Fels, die Kirche gründen.

Johann Ludwig Tieck (* 31. Mai 1773 in Berlin – † 28. April 1853 ebd.), Sohn des Seilermeisters Johann Ludwig Tieck und seiner Frau Anna Sophie, besuchte 1782 bis 1792 das Friedrichswerdersche Gymnasium, wo er sich mit Wilhelm Heinrich Wackenroder befreundete. Zwischen 1792 und 1794 studierte er an den Universitäten Halle, Göttingen und Erlangen. Tiecks romantisches Gemüt war psychischen Schwankungen ausgesetzt – auf eine Erweckungserfahrung von 1792 folgten Zustände psychischer Bedrohtheit („Wahnsinn"). Neben der Beschäftigung mit dem Werk Shakespeares widmete er sich philologischen und kunsthistorischen Studien und wandte sich, unter dem Einfluss Wackenroders, der „altdeutschen" Zeit zu. Seit 1794 war er tätig als freier Schriftsteller in Berlin, 1795/96 erschienen die beiden Romane „William Lovell" und „Peter Lebrecht", 1797 und 1799 die von Wackenroder verfassten, aber von Tieck bereicherten programmatischen Schriften „Herzensergießungen eines kunstliebenden Klosterbruders" und die „Phantasien über die Kunst", die einer im Religiösen gegründeten, letztlich unbegreifbaren Kunst das Wort redeten, deren höchste Ausprägung nicht von ungefähr die Musik ist. Aus ihr leiten sich auch die beiden Tendenzen von Tiecks späterer Schriftstellerei ab: der Hang zum Wunderbaren und zum historischen Sujet. Dass in diese hehre Kunstwelt aber auch das Schauerliche und das Parodistische Einlass fanden, zeigen die Märchennovelle „Der blonde Eckbert" (1797), in der Wahn und Wirklichkeit sich unauslotbar verschränken, und das Schauspiel „Der gestiefelte Kater" (1797), ein satirisch-märchenhaftes Spiel auf verschiedenen Ebenen, das oft als Inbegriff der „romantischen Ironie" gedeutet wurde. Der Künstler-Roman „Franz Sternbalds Wanderungen" (1798) versucht altdeutsche und italieni-

sche Kunstideale auszusöhnen; typisch romantisch erscheint das geradezu auf Eichendorff voraus weisende Arsenal von Naturbildern und synästhetischen Kunstmitteln. 1799 ging Tieck nach Jena, wo er zum Mittelpunkt der Jenaer Romantiker wurde (Novalis, Brüder Schlegel, Schelling, Steffens, Fichte), aber unter der erstmals bei ihm auftretenden Gicht litt. Seit 1802 lebte er überwiegend auf dem Landgut Ziebingen des befreundeten Grafen Friedrich Ludwig Finck von Finckenstein in der Neumark (dessen Tochter Henriette die Geliebte des seit 1798 verheirateten Dichters wurde). Die Italienreise, die er aus psychischen und aus gesundheitlichen Gründen unternommen hatte, fiel in die Jahre 1805 und 1806. In Rom lernte er die Schriftstellerkollegen Friedrich Müller, gen. Maler Müller, und August von Kotzebue kennen und betrieb in der Vatikanischen Bibliothek Studien zum Nibelungenlied und anderen mittelhochdeutschen Epen. Tieck hat weder Tagebuch geführt noch Reiseberichte oder Erinnerungen geschrieben. Allerdings hat er seine Gefühle und Reflexionen über die bereisten Orte in zahlreichen Gedichten festgehalten, die er unter den Titeln „Reisegedichte eines Kranken“ und „Rückkehr des Genesenden“ publizierte. Es sind reimlose und freirhythmische Gedichte, die einzelne Reisestationen wie auf Fotografien festhalten, farbig-ziselierte Miniaturen und poetische Aquarelle, hingetupft mit unerhörter Leichtigkeit. Nach der Rückkehr aus Italien lebte Tieck wieder in Ziebingen, seit 1819 in Dresden, wo er durch seine Leseabende einen großen Kreis von Literaturfreunden gewann. Als Rezitator eigener und fremder Werke hatte er große Erfolge und konnte seinen dauernden Geldmangel wenigstens zeitweise beheben. Sein letzter bedeutender, in der italienischen Renaissance spielender Roman „Vittoria Accorombona“ erschien 1840. Im Jahr 1842 folgte er dem Ruf des preußischen Königs Friedrich Wilhelm IV. nach Berlin, doch geriet er dort in zunehmende Isolierung. Nach längerer Krankheit starb er im April 1853. Galt Tieck zu Lebzeiten als „König der deutschen Romantik“ und reichte sein literarischer, auch durch Übersetzungen (Cervantes, Shakespeare) und Editionen vermehrter Einfluss über Frankreich, England bis in die Vereinigten Staaten, so rasch geriet er nach seinem Tod in Vergessenheit. Die letzte vollständige Ausgabe seiner Werke in 28 Bänden erschien zwischen 1828 und 1854. Die auf zwölf Bände geplante, 1985 begonnene kommentierte Ausgabe des Deutschen Klassiker-Verlags wurde nach dem fünften Band wegen Mangels an Interesse wieder eingestellt. Dies ist umso bedauerlicher, als Tieck einer der lesenswertesten und vielseitigsten, witzigsten und weltoffensten Autoren der deutschen Romantik ist.

Anblick von Florenz

Endlich den letzten Hügel hinauf,
Und unter mir
Das weite, blühende Thal,
Rings die Gebirge,
Die herrliche Stadt
Im Glanz der scheidenden Sonne.
Das Abendroth erglänzt
Im vielfachen Purpur
An den Felsen und die Gebäude
Brennen im Stral,
Und hundert Villen
Erglänzen fern und ferner.

Der Himmel spielt mit Grün und Blau,
Und hüpfende Lichter
Lachen auf dem Strom.
Süße Dämmrung
Tritt aus dem Aether
Die Welt umfassend,
Und in schweigender Rührung
Empfängt uns die dunkelnde Stadt.

Erster Anblick von Rom

Lange schon starrte mein Blick
Hinaus in Flur und Hügel,
Und immer nicht erschien der Wunsch,
Der sehnsüchtigen Seele.
Stille Träumerei umhüllte den Geist,
Da wendet sich plötzlich der Weg,
Und rechts erscheint der hohe Petrus-Dom,
Des Vatikans Pallast,
Und fern umher gestreut wie Hütten,
Die weltberühmte Stadt.

So ist der weite Weg nun überwunden,
Und endlich, endlich ist das erwünschte Ziel erschienen?
Und wie ich mich sammle,
Mich und die Größe des Momentes zu fühlen,
Zerrinnt in Schmerz
Das kaum gehaschte Bild,
Und alle die alten edlen Erinnrungen
Entfliehn vor der drückenden, engen Gegenwart.
Wie klein ist der Mensch,
Wie arm im Schein des Reichthums!

Schon treten die Gebäude näher,
Schon heimathlicher wird Berg und Flur,
Von alten Gemälden
Erwacht in frischern Farben das Angedenken;
Hier schon die Brücke,
Die Straße der Vorstadt,
Und rascheren Trabes
Nähern wir uns dem Pappelthor.
Wir treten ein,
Vor mir der Platz und Obelisk,
Die drei Straßen mit offnen Armen,

Ein nüchternes Licht
Erhellt unerfreulich
Tempel und Pallast.
Ich kann mich nur trösten,
Nun schnell in den Armen
Geliebter Freunde
Der Klage Laut ertönen zu lassen.

Ludwig I., König von Bayern (* 25. August 1786 in Straßburg – † 29. Februar 1868 in Nizza), war der erstgeborene Sohn Maximilians I. aus dem Geschlecht der Wittelsbacher. Der bereits von Geburt an schwerhörige Adelsnachkömmling studierte in Landshut und Göttingen Alte Geschichte und beschäftigte sich mit französischer, italienischer und spanischer Literatur. 1810 vermählte sich der Kronprinz mit Prinzessin Therese von Sachsen-Hildburghausen. Die Hochzeitsfeier legte zugleich den Grundstein der Tradition des Münchner Oktoberfestes. Die Zeit zwischen 1816 und 1825 verbrachte er hauptsächlich in Würzburg und reiste etliche Male nach Italien, wo er in Rom die Villa Malte kaufte. 1825 folgte er – nach dem Tode seines Vaters – auf den bayerischen Thron. Er nannte sich ab 1837 „König von Bayern, Herzog von Franken, Herzog von Schwaben und Pfalzgraf bei Rhein", um die Integration neuer bayerischer Territorien zu betonen. Obwohl er sich zu Beginn seiner Amtszeit durch einen eher gemäßigten liberalen Regierungsstil auszeichnete, erwies er sich nach der Julirevolution 1830 in Paris wie-

der zunehmend konservativ und reinstallierte die von ihm selbst beseitigte Pressezensur. Im März 1844 kam es während der Münchner Bierrevolution, die sich infolge einer Brot- und Bierpreiserhöhung entwickelt hatte, zu schweren Unruhen. Am 19. März 1848 sah sich Ludwig I. gezwungen aufgrund der revolutionären Bewegung und der Affäre um die Tänzerin Lola Montez zugunsten seines Sohnes Maximilian II. die Königskrone niederzulegen und abzudanken. Etliche bedeutsame Bauwerke gab Ludwig während seiner Regierungszeit in Auftrag, die – wie zum Beispiel die Alte und Neue Pinakothek – noch heute das Stadtbild Münchens prägen. Zwischen 1829 und 1847 veröffentlichte er zahlreiche Gedichte. Weitere Werke waren unter anderem „Walhallas Genossen" (1843) sowie die Komödie „Rezept gegen Schwiegermütter" (1866). 1868 verstarb der Kunstmäzen mit 81 Jahren in Nizza.

Pompeji

X. Elegie

In das fröhliche Treiben, in blühende Fülle des Lebens
  Griff erstarrend die Hand plötzlichen Todes hinein,
Daß ein ganzes Geschlecht vertilget im Keime geworden;
  Zeigest im Kleinen hiemit einstens der Menschheit Geschick.
Grab bist du, Pompeji, der eigenen Gräber geworden
  Und die Urne bewahrt selber die Asche noch heut.
Namlose Wehmuth wohnet in dir, du todte, ich sehe
  Wirkung des Lebens, es selbst wich für beständig aus dir;
Schulen bestehen, es stehen die Tempel; für Römer, für Griechen
  Ragen Theater empor; auch das Gefängniß ist da.
Holde Gemälde erfüllen die Wände jedwelchen Gemaches.
  Freundlich geziert ist der Hof, lieblich geschmückt ist das Haus,
Und mit besseren Werken, als jetzo der Fürsten Paläste.
  Alles bezeuget hieselbst thätiges reges Gedräng',

Großes Getümmel der Menschen, und Fleiß und Freude des Lebens;
In den Straßen der Stadt drückte das Wagengeleis
Tief in das Pflaster sich ein, aus Lava bestehet es selber,
Fruchtlos warnende Spur früher Verheerungen schon.
Bäche fließen noch durch, es liegt noch darüber die Brücke,
Gips in irdnem Gefäß ist zu verzieren bereit;
Waaren enthalten die Laden, es sind die Farben zu kaufen;
Alles erblicke ich hier, außer den Lebenden nur;
Ausgestorben sind die Straßen und Häuser. Verborgen
Sechszehn Jahrhunderte lang ruhte vergessen die Stadt.
Die Zerstörung wüthete immer und wüthet auf Erden,
Aber getreu erhält mütterlich sorgsam ihr Schoos;
Nimmer berühret die Zeit das Bewahrte. Die Menschen belehrend,
Zeigst du der jetzigen Welt, wie die vergangene war;
Wie es geordnet gewesen, so ist's in der Erde enthalten,
Für den Gedanken besteht unter derselben es fort;
Ihr entrissen Bruchstücke, nicht in die Gegenwart passend.
Berge der Vorwelt Rest vor dem entweihenden Blick!
Ihr nur fehlet, Bewohner, es mangeln die Menschen alleine,
Alles sonsten ist da, kommet, o! kommet herbey,
Kommet und nehmet Besitz von dem Eigenthum, aber vergeblich!
In das Leben nicht mehr kehret das Todte zurück.

Auf Italien

Welch' ein hehrer Geist durchwehte Italien einstens,
Dessen belebender Hauch überall Spuren uns ließ!
Auch die unbedeutendsten Städte enthalten Gebäude,
Denen die Kunst ihr Gepräg großartig aufgedrückt hat.
Staunen ergreifet den Wand'rer, Bewund'rung den Künstler,
Preisend die herrliche Zeit, welche entstehen es sah,

Was, wie von selbst sich ergeben, weil es der Genius beseelte;
Durch das Studium wird's nicht, nicht durch den Fleiß wird's bewirkt.
Längstens verschwand der Geist; das Geringste von jenen erreichen,
Wie sie auch immer bemüht, können die Neueren nie.

Johann Michael Friedrich Rückert (* 16. Mai 1788 in Schweinfurt – † 31. Januar 1866 in Neuses bei Schweinfurt) stammte aus einer alten Juristenfamilie im Fränkischen. Dort verbrachte er seine Kindheit und Jugend, deren Eindrücke in den „Erinnerungen aus den Kinderjahren eines Dorfamtmannsohns" (1829) festgehalten wurden. Rückert lebte von 1805 an drei Jahre in Würzburg und Heidelberg, um Jura und Philologie zu studieren. Danach scheiterte der äußerst politische Rückert an dem Versuch ins österreichische Heer aufgenommen zu werden. Nach der Promotion in Jena (1810) war er für zwei Semester als Privatdozent der Altphilologie tätig. Ab 1812 arbeitete er zwei Jahre als Gymnasiallehrer und Privatgelehrter in Hanau, Würzburg und Bettenburg. Nachdem es ihm 1814 erneut versagt wurde, sich am Krieg gegen Napoleon zu beteiligen, widmete er dem flüchtenden französischen Kaiser „74 Geharnischte Sonette" (in „Deutsche Glimpf- und Schimpflieder"), mit denen er sich als politischer Lyriker einen Namen machte. 1815 übernahm Rückert die redaktionelle Leitung von Johann Friedrich Cottas „Morgenblatt für gebildete Stände", in dem er viele seiner Gedichte veröffentlichte. Es folgte 1817/18 ein einjähriger Aufenthalt in Rom. Auf der Heim-

reise lernte er in Wien den berühmten Orientalisten Joseph von Hammer-Purgstall kennen. Von nun an vernachlässigte er die politische Lyrik und vertiefte sich in arabische, türkische und persische Sprache und Literatur. Zahlreiche mustergültige Übersetzungen sind das Resultat seines Wirkens. 1821 vermählte er sich mit Luise Wiethaus-Fischer, aus deren Ehe zehn Kinder hervorgingen. Ein Jahr später leitete er die Redaktion des „Frauentaschenbuchs", bis er 1826 eine außerordentliche Professur für orientalische Sprachen an der Universität Erlangen erhielt. Diese Zeit wurde maßgeblich durch den Tod zweier seiner Kinder im Winter 1833/34 geprägt, der bei Rückert eine zunehmende Verdüsterung und Verbitterung auslöste. Er verfasste daraufhin über 400 „Kindertodtenlieder", von denen einige später von Gustav Mahler vertont wurden. Dieser Schaffensphase entstammten u. a. die Werke „Die Weisheit des Brahmanen" (1836–39), „Rostem und Suhrab" (1838) sowie „Brahmanische Erzählungen" (1839). Der Berufung nach Berlin durch den preußischen König Friedrich Wilhelm IV. folgte er 1841 nur widerstrebend und verbrachte den größten Teil des Jahres auf dem Familiengut in Neuses, wohin er 1848 endgültig übersiedelte. Der Tod seiner Frau 1857 riss ihn in die völlige Vereinsamung. 1863 veröffentlichte er als steter Befürworter eines vereinten Deutschlands „Ein Dutzend Kampflieder für Schleswig-Holstein". Rückert starb 1866 an Darmkrebs.

Der Lyriker, Übersetzer, Dramatiker und Orientalist Rückert war Zeit seines Lebens ein „Vielschreiber", so dass sein Gesamtwerk weit mehr als 10 000 Gedichte umfasst. Der einjährige italienische Aufenthalt war für Rückert kein Ur-Erlebnis, wie es bei vielen zeitgenössischen Dichterkollegen der Fall war, deren Reise einer geistigen Verwandlung gleichkam. Im Herbst 1817 reiste der 29jährige über Mailand, Bologna, Florenz und Avena nach Rom, wo er im Oktober ankam. Er fand bald Anschluss an die dort gastierenden deutschen Künstler und Gelehrten. Der Dichter schildert in seinen Tagebucheinträgen fast in ethnologischer Manier die täglichen Lebensgewohnheiten der Römer, denen die äußere Gestalt des breitschultrigen in altdeutscher Weise mit langer Haartracht versehenen Rückerts – laut den Aufzeichnungen seiner Bekannten Henriette Herz und Dorothea Schlegel – Furcht einflößte. Im Frühjahr 1818 reiste er nach Neapel und Capri und verbrachte den heißen Sommer in den Albaner Bergen, wo er eine Liebesbeziehung gehabt haben soll. Zusammen mit dem schwedischen Dichter und Literaturhistoriker Per Daniel Amadeus Atterbom trat er im Oktober über Bologna, Florenz und Venedig die Heimreise an.

Nachklang

Hier an deutscher Zitterpappel,
Die im leisen Westhauch schwankt,
Denk' ich, wie mich einst, o Napel,
Dort dein Zauber hielt umrankt.

Wo die Strahlen mich umflirrten,
Die dein Tag zur Erd' ergießt,
Wo die Blumen mich umwirrten,
Die dein Lenz zum Himmel sprießt.

Dort, wo schreiend Farben tosen,
Die hier schweigend lächeln mir,
Mit Geruch betäuben Rosen,
Die bescheiden duften hier.

Napolis! von zweien Meeren
Stets betäubt dich Wogenbrand,
Eins in dir von Menschenheeren,
Draußen eins an deinem Strand.

Und die Wog' an deinem Strande
Brandet so gewaltsam nicht,
Wie die Menschenflut am Lande,
Die sich im Toledo bricht.

Aber hier in diese Stille
Tönst du sanft gedämpft mir nach
Wo beim Sommerlied der Grille
Murmelnd träumt der Wiesenbach.

Wo die Sonne mit Gelindheit
Ihren Glanz durch Zweige taut,
Die dort Augen schlägt mit Blindheit,
Wann sie aus dem Löwen schaut.

Und wie die gedämpfte Sonne
Ohne Blendung mich erquickt,
Also hat mit leiser Wonne
Mich die Lieb' hier angeblickt.

Nicht an Mittelmeeres Borden
Hat der Lenz allein sein Fest;
Nachtigall im stillen Norden
Baut sich gern ihr Frühlingsnest.

Und die Strahlen all, die lauen,
Eingesogen am Vesuv,
Im Gesang hier auszutauen,
Nachtigall! ist dein Beruf.

Kommet, ohn' euch zu ermüden,
Höret alle, was sie singt!
Wandern braucht ihr nicht zum Süden,
Weil ihn ihr Gesang euch bringt.

Unter Pinien, unter Palmen,
Unter Myrten wohnt die Lust;
Aber unterm Dach von Halmen
Wohnt die Lieb' in treuer Brust.

Nicht der Frühling kann dir's geben,
Geben mußt dem Frühling du
Seinen Glanz, sein Blütenleben,
Seinen Frieden, seine Ruh'.

Franz Seraphicus Grillparzer (* 15. Januar 1791 in Wien – † 21. Januar 1872 ebd.), Sohn eines Wiener Rechtsanwalts, studierte nach abgeschlossenem Gymnasialbesuch seit 1807 Staats- und Rechtswissenschaft an der Universität Wien. Nach zweijähriger Privatlehrertätigkeit trat er 1813 in den Staatsdienst ein, zunächst als unbesoldeter Praktikant in der Hofbibliothek. Die Anfänge von Grillparzers Laufbahn als Bühnenautor waren vielversprechend: das Schicksalsdrama „Die Ahnfrau" (1817) und das klassizistische Versdrama „Sappho" (1818) wurden große Erfolge, Grillparzer wurde sogar zum Dichter des Hofburgtheaters ernannt. Da holte den Dichter das Erbe seiner psychisch belasteten Familie ein: Der introvertierte Vater war früh gestorben, nun beging der jüngste seiner drei Brüder Selbstmord (1817), die Mutter zwei Jahre danach ebenfalls. In dieser Situation rieten ihm die Ärzte, eine Italienreise zu unternehmen, um auf hellere Gedanken zu kommen. Ein anderes Motiv mochte sein, dass ihm die Beziehung zu Charlotte von Paumgartten, der Frau seines Vetters, zur Belastung geriet. Diese Italienreise dauerte vom März bis zum Juli 1819, sie führte ihn nach Venedig, Florenz, Rom und Neapel. Grillparzer reklamierte für sich eine heterogene, zwischen „überstürzender Phantasie" und „kältestem Verstand" schwankende Natur. Auch

seine Aufzeichnungen aus Italien zeugen von dieser nüchtern abwägenden und gleichwohl sentimentalischen Wahrnehmung: Kritik an den sozialen und mentalen Zuständen wechseln mit pathetischen Klagen über die Vergänglichkeit von Macht und Pracht. Nach der Rückkehr wechselte Grillparzer ins Finanzministerium (Hofkammer), 1832 avancierte er sogar zum Direktor des Hofkammerarchivs. Als Dramatiker konnte er mit Stücken wie dem „Goldenen Vlies", „König Ottokars Glück und Ende", „Ein treuer Diener seines Herrn" und „Der Traum ein Leben" seinen Ruf festigen. Dann kam die Wende. Hatte ihn der Misserfolg des Liebesdramas „Des Meeres und der Liebe Wellen" (1831) bereits irritiert, so zog er sich nach der desaströsen Uraufführung des Lustspiels „Weh dem, der lügt!" (1838) definitiv vom Theater zurück.

Grillparzer befand sich zeitlebens in der schwierigen Situation, seine konservative Grundhaltung und seine kritischen Einsichten auszubalancieren – eine Problematik, die durch seine Stellung als k. u. k.-Beamter verstärkt wurde. Verschiedene Reisen (1836 Frankreich, England, Belgien, Rheinland, Besuch Heines in Paris; 1843 Konstantinopel und Griechenland) zeigten ihm vollends die lähmende Diskrepanz zwischen freiheitlicher Gesinnung und staatlicher Zensur. Sein Rückzug aus der Öffentlichkeit war auch die Konsequenz dieser Erkenntnis. 1856 wurde er auf eignen Wunsch pensioniert. Die zahlreichen Ehrungen (1859 wurde er Ehrendoktor der Universitäten Wien und Leipzig, 1864 Ehrenbürger der Stadt Wien) vermochten seinen grämlichen Gemütszustand nicht mehr aufzuheitern.

Grillparzers Italienerleben ist von den drei Gipfeln Venedig, Rom und Neapel geprägt. Venedig als Verkörperung mittelalterlicher Kunst und Geschichte, Neapel als Inbegriff von Sinnenfreude und Landschaftszauber, Rom als Synthese aus antiker Monumentalität, katholischer Hierarchie und italienischem Alltagsleben. Grillparzers Sicht ist ästhetisch und historisch zugleich: Statt über den Sieg des Christentums zu triumphieren, bedauert er den Untergang antiker Herrlichkeit. Die Veröffentlichung des während des Italienaufenthalts entstandenen Gedichts „Campo vaccino“ brachte ihm Probleme mit der Zensur ein. In dem Gedicht übte er scharfe Kritik an dem Heuchler Constantin und stellte die heidnische Welt der Antike hoch über „die neue, flache Zeit“. Das im Taschenbuch „Aglaja“ publizierte Gedicht erregte nämlich das Missfallen des „wegen seiner strengen Religiosität bekannte[n]“ bayerischen Kronprinzen, des späteren Königs Ludwig I., der sich beim Wiener Hof beschwerte, wie denn ein Almanach mit einem solchen Gedicht seiner Gemahlin habe zugeeignet werden können. Grillparzer trat dem alsbald ausgesprochenen Rüffel des kaiserlichen Polizeiministers insofern entgegen, als er das Ganze für ein Missverständnis erklärte und das Gedicht nicht als Glaubensbekenntnis verstanden wissen wollte, vielmehr als „eine Klage über den Untergang der herrlichen klaßischen Zeit“. Grillparzers geistige Verrenkungen hatten zunächst den gewünschten Erfolg, Autor und Zensor blieben unbehelligt. Dennoch geriet der Vorfall so schnell nicht in Vergessenheit und die Wendung „ja wenn er die Geschichte mit dem Papst nicht gehabt hätte“ wurde zur bequemen Formel, seine Karriere zu behindern.

Kennst du das Land?

[Am 8. März 1819]

Gelobt sei Gott! die Stund’ ist da!
Den Wanderstab in die Hand!
Zu dir hin gehts, Italia,
Du hochgelobtes Land!

Der Pilger zieht mit Hut und Stab
Zum heiligen Grabe weit,
So zieh’ auch ich zu Deinem Grab,
Du heil’ge entschlafene Zeit!

Und wie der Pilger auf seiner Brust
Reliquien trägt nach Haus,
So trag' auch ich in meiner Brust
Mir heilige Reste heraus.

Die letzten Tropfen vom Wunderborn,
Der einst so reichlich quoll,
Ein Fünkchen von deinem Götterzorn,
Du göttlicher Apoll,

Den Abdruck, Weltgebieter Zeus,
Von deiner Majestät,
Vom Dichterbaum ein Lorbeerreis,
der Maro's Grab umweht.

Dein Bild, so hehr und unbefleckt,
Du Hohe von Medici,
Die, wenn sie den Schauern die Schätze bedeckt,
Für sich nicht errötet, für sie.

Ja knieen will ich, Vergangenheit,
Vor deinen Gebilden aus Stein,
Der nackt die ernste Schönheit beut,
Verachtend des Reizes Schein,

Ihn lassend der frömmelnden Enkelwelt,
Die, von Gleisnersinn erfüllt,
Die Lüsternheit zu ergänzen quält,
Was der schlaue Bildner verhüllt;

Und lernen will ich auf deinen Laut,
Was der Mensch bewirkt und erschafft,
Wenn er dem Gott im Busen vertraut,
Und der selbstgegebenen Kraft.

Dann kehr' ich heim mit stolzem Sinn
Und schaff' in gesättigter Ruh,
Was jung soll sein, wie ich es bin
Und alt soll werden, wie du.

Campo vaccino

[Begonnen in Rom, am 20. April 1819]

Seid mir gegrüßt ihr heil'gen Trümmer,
Auch als Trümmer mir gegrüßt,
Obgleich nur noch Mondenschimmer
Einer Sonn', die nicht mehr ist.
Nennt euch mir, ich will euch kennen,
Ich will wissen was ihr wart,
Was ihr seid brauchts nicht zu nennen,
Da die Schmach euch gleich gepaart.

Eintrachtstempel, du der erste,
Der sich meinem Blick enthüllt;
Deine letzte Säule berste!
Schlecht hast du dein Amt erfüllt!
Solltest deine Brüder hüten,
Wardst als Wächter hingesetzt
Und du ließest Zwietracht wüten,
Die sie fällt und dich zuletzt.

Jupiter aus deinem Tempel,
Stator, der zu stehn gebeut,
Brich des Schweigens Sklaven-Stempel,
Heiß sie stehn die neue Zeit!
Doch umsonst ist hier dein Walten,
Du stehst selber nur mit Müh,
Unaufhaltsam gehn die Alten
Und das Neue über sie.

Warum in dies Feld der Leichen
Ist, Septimius Sever,
Eingang dies dein Siegeszeichen?
Ausgang dünkt es mich vielmehr.
Als dem Letzten, ders zu fassen,
Wenn auch nicht zu tun verstand,
Sei ein Plätzchen dir gelassen,
Doch nicht hier, am äußern Rand.

Titus, nicht dem Ruhm, dem Frieden
Bautest du dein Heiligtum:
Doch dir ward, was du vermieden,
Jeder Stein spricht deinen Ruhm.
Auch den Frieden in dem Munde
Ging ein Andrer drauf ins Haus,
Doch der Frieden zog zur Stunde
Aus dem Friedenstempel aus.

Curia, die aus ihren Toren
Krieg der Welt und Frieden ließ,
Harrst du deiner Senatoren?
Einer doch ist dir gewiß.
Sieh ihn stehn dort an den Stufen
Bei dem Mann im Priesterkleid,
Sieh, er kommt, wird er gerufen,
Und er geht, wenn man gebeut;

Sieh des Purpurs reiche Falten!
Majestätisch steht er da!
Ja du suchst nach deinen Alten?
Schließ die Pforten, Curia!
Unten such, die unten wohnen,
Wir sind oben leicht und froh;
Rom hat nur noch Ciceronen,
Aber keinen Cicero.

Hat der Bruder dich erstochen
Remus, mit dem weichen Sinn?
Sieh vom Schicksal dich gerochen,
Er, sein Reich, gleich dir, dahin.
Sieh! in seines Tempels Hallen,
Wie in deinem, Mönche-Zug;
Horch! des Küsters Glöcklein schallen!
Dünkt die Rache dir genug?

Roma, Venus – Schönheit, Stärke,
Pulse ihr der alten Welt,
Hier inmitten eurer Werke
Euer Tempel aufgestellt.
In Ruinen Schönheit-Prangen?
Kraft in Trümmern wank und schwach?
Was ihr zeugtet ist vergangen,
Folget euren Kindern nach.

Dort den Bogen, klein und enge,
Schwach gestützt und schwer verletzt;
Wem von all der Helden-Menge
Ward so ärmlich Mal gesetzt?
Titus. O so laßt es fallen!
Denn obs auch zusammen bricht,
So lang Menschen-Herzen wallen,
Brauchst du, Titus, Steine nicht.

Hoch vor allen sei verkläret,
Constantin, Dein Siegesdom!
Mancher hat manch Reich zerstöret,
Aber du das Größte – Rom.
Über Romas Heldentrümmern
Hobst du deiner Kirche Thron,
In der Kirche magst du schimmern,
Die Geschichte spricht dir Hohn.

Mit dem Raub von Trajans Ehren
Hast du plump dein Werk behängt;
Trajan kann des Schmucks entbehren,
Er lebt ewig, unverdrängt:
Aber eine Zeit wird kommen,
Da zerstäubt geraubte Zier,
Da erborgter Schein verglommen,
Was spricht Heuchler dann von Dir?

Kolosseum, Riesenschatten
Von der Vorwelt Machtkoloß,
Liegst du da in Tods-Ermatten,
Selber noch im Sterben groß?
Und damit, verhöhnt, zerschlagen,
Du den Martertod erwarbst,
Mußtest du das Kreuz noch tragen,
An dem, Herrliche, du starbst!

Nehmt es weg, dies heil'ge Zeichen!
Alle Welt gehört ja dir;
Übrall, nur bei diesen Leichen,
Übrall stehe, nur nicht hier!
Wenn ein Stamm sich losgerissen
Und den Vater mir erschlug,
Soll ich wohl das Werkzeug küssen,
Wenns auch Gottes Zeichen trug?

Kolosseum, die dich bauten,
Die sich freuten um dich her,
Sprachen in bekannten Lauten,
Dich verstanden, sind nicht mehr.
Deine Größe ist zerfallen
Und die Großen sinds mit ihr,
Eingestürzt sind deine Hallen,
Eingebrochen deine Zier;

O so stürze ganz zusammen
Und ihr Andern stürzet nach,
Decket, Erde, Fluten, Flammen,
Ihre Größe, ihre Schmach.
Hauch ihn aus, den letzten Oden,
Riesige Vergangenheit!
Flach dahin auf flachem Boden
Geh die neue, flache Zeit!

Johann Ludwig Wilhelm Müller (* 7. Oktober 1794 in Dessau – † 1. Oktober 1827 ebd.), das sechste und einzige überlebende Kind eines Schneiders, besuchte in Dessau die Schule und studierte seit 1812 klassische Philologie und Geschichte an der Universität Berlin. 1813 meldete er sich als Freiwilliger zum Preußischen Heer und nahm an den Befreiungskriegen gegen Napoleon teil. Das 1814 wieder aufgenommene Studium schloss er 1817 in Berlin ab. In den literarischen Salons in Berlin lernte der gesellige Müller verschiedene Literaten kennen, darunter Achim von Arnim, Clemens Brentano, Ludwig Tieck und Friedrich de la Motte Fouqué, die ihn zu eigenen dichterischen Versuchen inspirierten (erschienen 1815 im Sammelband „Bundesblüthen“). Im Auftrag der Berliner Akademie der Wissenschaften trat Müller 1817 zusammen mit dem Baron Sack eine Reise nach Ägypten an, die sie – über Wien, Venedig und Florenz – im Januar 1818 nach Rom führte. Während Sack mit dem Architekten Franz Christian Gau nach Ägypten weiterreiste, blieb Müller, der sich mit Sack nicht

über den weiteren Reiseverlauf einigen konnte, in Italien zurück. Nach einem Abstecher nach Neapel verbrachte er den Juli und August in Albano, wo er die Maler Joseph Anton Koch und Julius Schnorr von Carolsfeld und die Dichter Friedrich Rückert und Daniel Amadeus Atterbom kennen lernte. Ende August reiste er über Orvieto, Perugia, Florenz, Verona und Tirol zurück nach Deutschland, Anfang 1819 traf er in Dessau ein. Eine noch heute lesenswerte Frucht dieser Italienreise ist das Buch „Rom, Römer und Römerinnen“ (1820), in dem er farbige und nicht unkritische Skizzen des römischen Alltagslebens gibt.

In Dessau arbeitete er zunächst als Gymnasiallehrer für Latein, Griechisch und Geschichte; 1820 wurde er mit der Verwaltung der Bibliothek des Herzogs beauftragt. 1821 heiratete er Adelheid Basedow, die Enkelin des Pädagogen Johann Bernhard Basedow. 1824 wurde er zum Hofrat ernannt, eine Voraussetzung, um einem Nichtadligen Zugang zum Hofe zu verschaffen. Neben seiner lyrischen Produktion war er als Rezensent bei diversen Literaturzeitschriften tätig, gab 1820/21 eine eigene Zeitschrift „Askania“ und 1822 die zehnbändige „Bibliothek deutscher Dichter des siebzehnten Jahrhunderts“ heraus, wirkte seit 1826 als Redakteur bei der monumentalen „Enzyklopädie“ von Ersch und Gruber mit und verfasste daneben Essays und Erzählungen. Trotz gesundheitlicher Schwankungen kam sein Tod jedoch unerwartet: Bald nach Rückkehr von einer Reise nach Südwestdeutschland starb Müller in der Nacht vom 30. September auf den 1. Oktober 1827 am Herzschlag.

Bekannt wurde der liberal gesinnte Müller durch seine Gedichte zum griechischen Freiheitskampf („Lieder der Griechen“, 1821/22). Auch als Übersetzer und Bearbeiter griechischer Original-Lieder ist Müller hervorgetreten. Diese Gedichte trugen dem Philhellenen den Beinamen „Griechen-Müller“ ein. Die in der Sammlung „Sieben und siebzig Gedichte aus den hinterlassenen Papieren eines reisenden Waldhornisten“ (1821/1824) enthaltenen Zyklen „Die schöne Müllerin“ (1821) und „Die Winterreise“ (1824) wurden von Franz Schubert vertont. Noch heute kennt man Gedichte wie „Der Lindenbaum“ oder „Das Wandern ist des

Müllers Lust". Seine im Volksliedton des „Wunderhorns" gehaltenen Gedichte zeichnen sich durch leichte Sangbarkeit und flüssige Melodik aus und stellen sie in die Nähe Eichendorffs, ohne freilich dessen Eigenart zu erreichen. Auch in seinen Italiengedichten herrscht kein unverwechselbarer Ton: Eklektisch vermengt Müller anakreontische und romantische Topoi und Klischees, die er in einem liedhaft-flüssigen Parlandostil präsentiert.

Der Einsame

Durch die dunkelgrünen Zweige,
Durch den düfteschweren Himmel
Silberweißer Blüthensterne
Schaun mit großen Flammenblicken
Die Orangen nach der Sonne,
Die in rosenrothem Lichte
Wiederscheint aus glühen Wogen,
Bange Scheidegrüße winkend.

In den Oleanderlauben,
Um die weißen Marmorbilder
Muntrer Nymphen und Tritonen,
Die aus Hörnern und Syringen
Kühle Silberschäume sprudeln,
Lagern sich zum Abendspiele
Mit der Zither, mit dem Balle,
Mit den ritterlichen Dienern
Zierlich die geschmückten Frauen,
Und die schlanken Pagen fliegen,
Und die Funkenwürmchen flattern
Durch die Reihen, durch die Myrten.

Und der Wandrer geht vorüber
An den Lauben, an den Spielen.

Nach den fernen blauen Höhen
Muß er schauen, muß er ziehen,
Wo aus nächtigen Zypressen
Heimlich ein vertrauter Schimmer
Auf den Fremdling niederstrahlet.
Treue, bleiche Mondensichel,
Suchst du mich, willst du mich rufen? –
Schüchtern, wie die junge Liebe,
Hüllst du dich in rothe Wolken
Vor des Festes heitern Blicken:
Aber Augen, naß und selig,
Starren auf zu deinem Lichte,
Suchend nach zwei andern Augen,
Die, wie sie, sich drinnen spiegeln.

Rom, den 22sten Juni 1818.

Karl August Georg Maximilian Graf von Platen-Hallermünde (* 24. Oktober 1776 in Ansbach – † 5. Dezember 1835 in Syrakus, Sizilien), siebtes Kind des Ansbacher Oberforstmeisters, wurde als Zehnjähriger in die königlich-bayerische Kadettenanstalt eingewiesen, besuchte seit 1810 die Pagenschule und schlug 1814 die Offizierslaufbahn ein. 1814–1815 nahm er am Frankreichfeldzug gegen Napoleon teil, ohne in Scharmützel verstrickt zu werden. 1818 begann Platen ein Studium der Rechtswissenschaften in Würzburg und Erlangen, das er kurze Zeit später abbrach, um sich der Poesie, der Literatur und der persischen Sprache zuzuwenden. 1821 veröffentlichte Platen die Gedichtsammlung „Ghaselen", der 1823 „Neue Ghaselen" folgten, durch welche er virtuos die nach persischen Vorbildern kunstvoll verschlungenen Motiv- und Reimketten für die deutsche Literatur erschloss. Im Herbst 1824 unternahm Platen seine erste Reise nach Italien. Es war nicht Goethes „Italienische Reise", die ihn zu dieser Unternehmung motivierte, sondern die Lektüre des „Titan“ von Jean Paul, der die italienischen Impressionen zu diesem Roman älteren Reisebüchern entnommen hatte. 1825 entstanden in Italien die „Sonette aus Venedig“. Hier spiegelt Platen seinen melancholischen Gemütszustand in dem morbiden Charme der Lagunenstadt wider. Die lyrischen Spielarten seines privaten Weltschmerzes mit ihrer für die biedermeierliche Weltschmerzdichtung charakteristischen Verknüpfung von Eros und Thanatos sind weitreichend; so wurde die Allianz von Liebe und Tod symptomatisch für die Kunst des Fin de Siècle. Der vieldeutigen Symbolik dieser poetischen Reisebilder ist der einflussreiche Venedig-Mythos zu verdanken, der in Thomas Manns Novelle „Tod in Venedig“ (1912) kulminiert. Nach einer zunächst literarischen Kontroverse (die so genannte Platen-Affaire) mit Heinrich Heine, die jedoch eskalierte, als Heine als Reaktion auf Platens antijüdische Polemik die Homosexualität des Grafen publik machte, zog sich Platen im September 1826, zutiefst gekränkt und voller Rachegelüste Heine gegenüber, nach Italien zurück. Dort erhoffte sich Platen das Ausleben persönlicher Freiheit. Die traditionsreiche männliche Prostitution, die er in Italien kennen und schätzen lernte, bewahrte ihn vor jenen persönlichen Enttäuschungen, die ihm in Deutschland widerfuhren, wo sein permanent erfolgloses Liebeswerben Frustrationen und Depressionen zeitigten. Besessen von individuellem Freiheitsdrang und poetischer Ruhmsucht sub specie aeternitatis, unter vollkommener Ermangelung von Selbstironie und Selbstdistanz, von der bayerischen Armee dauerhaft beurlaubt und mit einer knappen Pension des bayerischen Königs Ludwig I. versehen, bestand Platens italienische Vagabondage aus einem rastlosen Wechsel der Aufenthaltsorte und

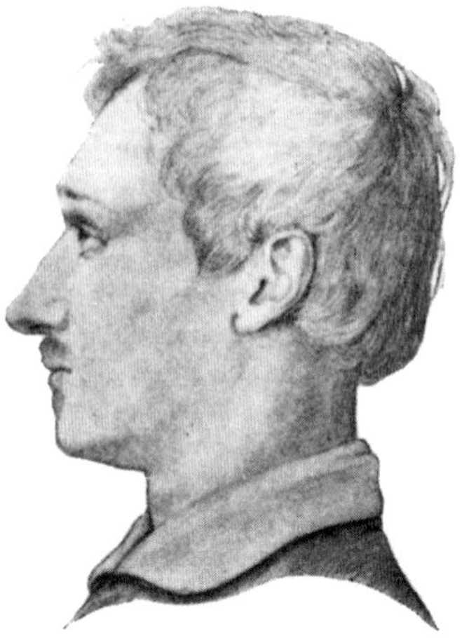

Gastgeber. Häufig missvergnügt und immer knapp bei Kasse machte er Stationen in Verona, Venedig, Florenz oder Rom; nur Neapel zog ihn bedingungslos in den Bann. Dort hielt er sich insgesamt acht Jahre auf und verfasste Gedichte, Oden in antiken Versformen, Balladen und Romanzen. Sporadisch kehrte Platen, der nun fast ausschließlich Italienisch sprach, aber in deutscher Sprache dichtete, nach Deutschland zurück, das er endgültig 1834 verließ. 1835 floh Platen vor der in Neapel grassierenden Cholera nach Syrakus, wo er an einer typhösen Darmerkrankung im Hause eines Gastfreundes verstarb. Platens Grab im Garten der Villa Landolina wurde 1925 auf Mussolinis Veranlassung erneuert.

Venedig liegt nur noch im Land der Träume,
Und wirft nur Schatten her aus alten Tagen,
Es liegt der Leu der Republik erschlagen,
Und öde feiern seines Kerkers Räume.

Die ehrnen Hengste, die durch salz'ge Schäume
Dahergeschleppt, auf jener Kirche ragen,
Nicht mehr dieselben sind sie, ach! sie tragen
Des korsikan'schen Überwinders Zäume.

Wo ist das Volk von Königen geblieben,
Das diese Marmorhäuser durfte bauen,
Die nun verfallen und gemach zerstieben?

Nur selten finden auf des Enkels Brauen
Der Ahnen große Züge sich geschrieben,
An Dogengräbern in den Stein gehauen.

Warm und hell dämmert in Rom die Winternacht:
Knabe, komm! wandle mit mir, und Arm in Arm
  Schmiege die bräunliche Wang' an deines
    Busenfreunds blondes Haupt!

Zwar du bist dürftigen Stands; doch dein Gespräch,
O wie sehr zieh' ich es vor dem Stutzervolk!
  Weiche, melodische Zauberformeln
    Lispelt dein Römermund.

Keinen Dank flüstere mir, o keinen Dank!
Konnt' ich sehn, ohne Gefühl, an deines Augs
  Wimper die schmerzende Träne hangen?
    Ach, und welch Auge dies!

Hätt' es je Bacchus erblickt, an Ampelos
Stelle dich hätt' er gewählt, an dich allein
  Seines ambrosischen Leibs verlornes
    Gleichgewicht sanft gelehnt!

Heilig sei stets mir der Ort, wo dich zuerst,
Freund, ich fand, heilig der Berg Janiculus,
  Heilig das friedliche, schöne Kloster,
    Und der stets grüne Platz!

Ja, von dort nanntest du mir die große Stadt,
Wiesest mir Kirch' und Palast, die Trümmer Sankt
  Pauls, die besegelte, leichte Barke,
    Die der Strom trieb hinab.

(Dezember 1826.)

Heinrich Heine (* 13. Dezember 1797 in Düsseldorf – † 17. Februar 1856 in Paris), ältester Sohn des Tuchhändlers Samson Heine und seiner Frau Betty absolvierte nach dem abgebrochenen Besuch des Düsseldorfer Lyzeums eine Banklehre in Frankfurt und war im Bankhaus seines geschäftlich erfolgreichen Onkels Salomon Heine in Hamburg tätig, der ihn, trotz mangelnden Verständnisses für die literarischen Ambitionen des Neffen, finanziell unterstützte. 1819 nahm Heine das Studium der Rechts- und Kameralwissenschaft in Bonn auf, wechselte 1820 nach Göttingen, von wo er wegen eines Duells verwiesen wurde. 1821–23 setzte Heine sein Studium an der Berliner Universität fort und promovierte im Juli 1825 zum Dr. jur. in Göttingen. Einen Monat zuvor konvertierte er zum Protestantismus, da die jüdische Konfession seine Chancen auf eine juristische Laufbahn erheblich beeinträchtigte. Von Heine, der in den folgenden Jahren zu einem der bedeutendsten deutschen Dichter und Journalisten avancierte, der mit einer bisher nicht bekannten Anmut, Eleganz und Esprit die deutsche Literatur bereicherte, erschienen in dieser Zeit „Reisebilder. Erster Teil" (1826), die Gedichtzyklen „Buch der Lieder" (1827), die seinen Weltruhm begründeten und „Reisebilder. Zweiter Teil" (1827). Nach einem viermonatigen Englandaufenthalt nahm Heine 1827 eine Anstellung als Redakteur bei den „Neuen allgemeinen politischen Annalen" in München an, da er hoffte, in der bayerischen Hauptstadt eine Literaturprofessur bekleiden zu können. Das vereitelte die sogenannte „Platen-Affaire", die sich zunächst aus einer literarischen Kontroverse mit August Graf von Platen entwickelte. Der Streit eskalierte, als Heine wegen seiner jüdischen Herkunft von Platen öffentlich diffamiert wurde. Heine sah die antijüdische Pole-

mik Platens als Grund dafür, dass König Ludwig I. von Bayern ihm die schon sicher geglaubte Professur versagte. Nach dieser persönlichen Niederlage zog es ihn im August 1828 nach Italien – dem verheißungsvollen Land, das auch für viele seiner gen Süden ziehenden Schriftstellerkollegen ein Symbol der Befreiung aus bedrückenden deutschen Verhältnissen darstellte und von dem er neue Anregungen für die literarische Karriere erwartete. Doch im Unterschied zu jenen Künstlerreisen, welche die „Italienische Reise" Goethes imitierten, wandelte Heine nicht auf den Spuren des verehrten und verhassten Weimarer Dichterfürsten. Nicht „Roma aeterna", der Höhepunkt eines jeden zur damaligen Zeit nach Italien reisenden Künstlers, war das Ziel, sondern Genua. Heine wollte die Badesaison nicht verpassen. In Genua schrieb er die ersten Kapitel seiner „Reise von München nach Genua", reiste jedoch, als Tourist von Stränden und Bademöglichkeiten enttäuscht, weiter an die italienische Riviera und nach Lucca. Oktober bis November verbrachte er in Florenz und trat dann im Dezember die Rückreise nach München über Bologna, Venedig und Verona an. Heines antiquarisches und landschaftliches Interesse war gering. Seine journalistisch, essayistisch und poetisch verarbeiteten Reiseeindrücke konzentrieren sich auf Geschichte und Politik Italiens in Verbindung mit einer scharfen Polemik gegen die kulturellen und politischen Zustände in Deutschland. Der viermonatige Italienaufenthalt war weder Kunstreise noch Arkadienerlebnis. Sprachbarrieren machten Heine zu schaffen – wollte er doch nicht nur baden, sondern auch Damenbekanntschaften machen. Der Aufenthalt stand unter den Unsternen der Kränkung wegen der verwehrten Literaturprofessur, des Unbehagens wegen der finanziellen Abhängigkeit von seinem Onkel Salomon und des Ärgers mit Platen. So holte Heine im dritten Teil der „Reisebilder" zum vernichtenden Schlag gegen Platen aus. In „Die Bäder von Lucca" (1829; „Reisebilder. Dritter Teil", 1830) diagnostisiert Heine die Homosexualität des Grafen als Ursache für die Sterilität seiner Dichtung. Gesellschaftlich damit desavouiert, begab sich Platen seinerseits in das freiwillige Exil nach Italien.

Nach seiner Rückkehr aus Italien hielt es Heine nur noch zwei Jahre in Deutschland. 1831 siedelte er nach Paris um. 1833 wurden seine Schriften in Preußen und 1835 in den Mitgliedstaaten des Deutschen Bundes verboten. Die Metropole Paris, wo er Kontakte zu Berühmtheiten des europäischen Kulturlebens wie Hector Berlioz, Frédéric Chopin, George Sand, Alexandre Dumas und Alexander von Humboldt unterhielt, inspirierte Heine zu einer Vielzahl von Essays, politischen Artikeln, Polemiken, Denkschriften, Gedichten und Prosawerken. In Schriften wie „Französische Zustände" (1832), „Zur Geschichte der Religion und Philosophie in Deutschland" (1835) und „Die romantische Schule" (1836) versuchte er, eine französisch-deutsche und deutsch-französische Annäherung zustande zu bringen. In den 1840er Jahren arbeitete er an den von Karl Marx herausgegebenen Zeitschriften „Vorwärts" und „Deutsch-Französische Jahrbücher" mit. Auf Heines Reisen 1843 und 1844 nach Deutschland entstanden „Deutschland. Ein Wintermärchen" (1844), „Neue Gedichte" (1844) und das Versepos „Atta Troll – Ein Sommernachtstraum" (1847). Trotz seiner schweren Erkrankung, die ihn seit 1848 bis zu seinem Tode 1856 an das Bett fesselte, entstanden weitere Werke wie „Romanzero" (1851) und „Lutetia" (1854). Heine wurde auf dem Friedhof von Montmartre beigesetzt.

„Augen, sterblich schöne Sterne!"
Also mag das Liedchen klingen,
Das ich weiland in Toskana
An dem Meere hörte singen.

Eine kleine Dirne sang es,
Die am Meere Netze flickte;
Sah mich an, bis ich die Lippen
An ihr rotes Mündchen drückte.

An das Lied, an Meer und Netze
Hab' ich wieder denken müssen,
Als ich dich zuerst erblickte –
Doch nun muß ich dich auch küssen.

August Heinrich Hoffmann von Fallersleben (* 2. April 1798 in Fallersleben/Kurfürstentum Hannover – † 19. Januar 1874 in Corvey), der aus einer angesehenen Kaufmannsfamilie stammte, besuchte von 1812 bis 1816 die Gymnasien in Helmstedt und Braunschweig und begann 1816 in Göttingen ein Theologiestudium. Schon nach einem Semester wechselte er zum Studium der klassischen Philologie und Archäologie, wandte sich jedoch 1818, einer Anregung Jacob Grimms folgend, den „vaterländischen Studien" zu, also der Sprach-, Literatur- und Kulturgeschichte der germanischen Völker. Nach einer Zwischenstation in Berlin, wo er zahlreiche literarische Persönlichkeiten kennen lernte und sich – im Umgang mit dem Bibliophilen K. Hartwig von Meusebach – zum Bibliothekar ausbildete, wurde Hoffmann 1823 zum Kustos der Breslauer Universitätsbibliothek ernannt. 1830 berief ihn der preußische Minister von Altenstein – gegen den Willen der Fakultät – zum Professor für deutsche Sprache und Literatur an der Universität Breslau. Mit seiner 1840/41 erschienenen, restaurationskritischen Gedichtsammlung „Unpolitische Lieder" hatte er großen Erfolg; sein bekanntes „Lied der Deutschen" entstand 1841 während eines Badeurlaubs auf der damals englischen Insel Helgoland. Nach dem Verbot der „Unpolitischen Lieder" wurde Hoffmann von Fallersleben 1842 aus dem preußischen Staatsdienst entlassen und führte in den nächsten sechs Jahren ein unstetes Wanderleben, das er auch durch bänkelsängerische Auftritte finanzierte. 1844 unternahm er gemeinsam mit dem Grafschaftsbesitzer Friedrich Ludwig Tenge eine Italienreise, die sie nach Mailand, Genua, Pisa, Rom und Florenz führte. 1849 zog Hoffmann ins rheinländische

Bingerbrück, 1851 nach Neuwied. Seit 1854 wirkte Hoffmann in Weimar (neben Oscar Schade) als Herausgeber der „Weimarischen Jahrbücher für deutsche Sprache, Literatur und Kunst“ (6 Bde, 1854–57) und als Mitglied des „Neu-Weimar-Vereins“. In Corvey, wohin er 1860 umgezogen war, bekam er auf Vermittlung Franz Liszts und der Prinzessin Maria zu Sayn-Wittgenstein eine Anstellung als Schlossbibliothekar bei Herzog Viktor I. von Ratibor. Von Bismarcks Reichsgründung, die er zunächst begeistert begrüßt hatte, war er in zunehmendem Maß enttäuscht. Hoffmann starb 1874 an einem Schlaganfall. Über tausend Trauergäste begleiteten seinen Sarg.

Hoffmann von Fallersleben war poetisch und wissenschaftlich von immenser Produktivität. Seine Bekanntheit verdankt er einerseits den politischen Liedern, in denen er die liberale Forderung nach individueller Freiheit, bürgerlicher Rechtsstaatlichkeit und nationaler Einheit mit antifranzösischer und antisemitischer Gesinnung verband, andererseits den Kinderliedern, die er zum Teil selbst vertonte und die noch heute große Popularität genießen („Alle Vögel sind schon da“; „Ein Männlein steht im Walde“; „Winter ade, scheiden tut weh“; „Kuckuck Kuckuck, ruft's aus dem Wald“; „Der Kuckuck und der Esel“; „Morgen kommt der Weihnachtsmann“ u. a.). Zum Verständnis seines Lebens und Denkens ist die in den letzten Jahren seines Lebens verfasste sechsbändige Autobiographie „Mein Leben. Aufzeichnungen und Erinnerungen“ (1868) wichtig, in der er auch seine italienischen Erlebnisse schildert. Seine Italienlyrik relativiert die damalige Italieneuphorie. Fallerslebens Kritik richtet sich nach zwei Seiten: Bei den Italienern rügt er die sozialen Zustände, vor allem den Schlendrian, die Geldgier und den Bürokratismus („Via mala“), an den (deutschen) Italienreisenden die naive Epigonalität, die sie blindlings Goethes Spuren folgen lässt („Der hl. Goethe“). Wenig Sinn entwickelt er für die Schönheit der italienischen Landschaft und Kunst.

Konservativer Boden

Mailand, 12. Oktober 1844

Land des Stillstands, der Erhaltung,
O wie groß und wunderbar!
Ohne Fortschritt, ohn' Entwicklung,
Alles bleibet, wie es war.

Hätten nicht die lieben Alten
Wasserleitungen gemacht,
Kardinäl' und Päpste hätten
Auch noch jetzt nicht dran gedacht.

Hätten jene nicht gebauet
Eine Via Appia,
Ohne gute Weg' und Straßen
Wär' noch heut Italia.

Hätten jene nicht vollendet
Manches Bild in Erz und Stein,
Würd' in anderer Gesellschaft
Jetzt der Heil'ge Vater sein.

Hätten nicht die Raffaele
Diese Galerien geschmückt,
Heute wär's den Italienern,
Heute schwerlich wohl geglückt.

Hätte nicht die Weltgeschichte
Diesen Boden hier geweiht,
Schwerlich würd' es jetzt geschehen
Oder noch in künft'ger Zeit.

Ja, wie hier die Menschen, schlafen
Auch die Kräfte der Natur:
Alles Leben ist ein Leben
Der vergangnen Zeiten nur.

Addio!

Rom, 28. September 1844.

Mel.: Herz, mys Herz, warum so trurig?

Nun, so will ich fröhlich scheiden:
Lebe wohl, berühmtes Land!
Wo ich wenig zu beneiden,
Wo ich nichts zu wünschen fand.

Lebet wohl, ihr Überreste
Der vergangnen größern Zeit,
Tempel, Säulen, Prachtpaläste
Neben Schmutz und Dürftigkeit.

Lebe wohl, was uns versöhnen
Muß mit heut'gem Stank und Dunst,
Du Idee des Ewig-Schönen
In Italias alter Kunst.

Lebet wohl, ihr Berg' und Matten
Mit dem ew'gen Sonnenschein,
Bäume, die uns keine Schatten,
Kein' Erquickung uns verleihn.

Lebe wohl, du Tageshelle,
Drin umsonst sich das Gemüt
Suchet eine traute Stelle,
Wo auch ihm ein Blümchen blüht.

Lebe wohl, du Volk der Wichte,
Das vom Ruhm der Vorwelt zehrt
Und das Land der Weltgeschichte
Heute nur durch Nichtstun ehrt.

Lebet wohl, ihr Pomeranzen,
Makkeronen, Pilz' und Kohl,
Esel, Büffel, Flöh' und Wanzen,
Heil'ger Knoblauch, lebe wohl!

August Kopisch (* 26. Mai 1799 in Breslau – † 6. Februar 1853 in Berlin), der einer wohlhabenden patrizischen Kaufmannsfamilie entstammte, absolvierte seine Ausbildung in der Malerei von 1815 bis 1824 an den Kunstakademien in Prag, Dresden und Wien. Wegen einer durch einen Schlittschuhunfall zugezogenen Handverletzung und wegen einer unglücklichen Liebe brach Kopisch 1824 nach Italien auf. Dieser Genesungsurlaub, der eher eine Flucht aus den seine literarischen Ambitionen beschneidenden familiären Verhältnissen war, sollte fünf Jahre dauern. In Rom stand Kopisch vorübergehend in Kontakt mit der deutsch-römischen Künstlerszene, Neapel wurde zu seiner Wahlheimat. Betört von der ausländische Besucher häufig irritierenden „Napoletanità" gelang Kopisch die Integration in das süditalienische Alltagsleben. Er erlernte den neapolitanischen Dialekt, sammelte neapolitanische Volkslieder, knüpfte Kontakte zu örtlichen Schauspielertruppen, deren Stücke er übersetzte und inszenierte und wurde als „Don Augusto Prussiano" von neapolitanischen Freunden wie Gaetano Donizetti und dem Komödiendichter und populären Pulcinella-Darsteller Filippo Cammarano geschätzt. Bei einem Aufenthalt auf der Insel Capri im Sommer 1826 schwamm Kopisch mit dem Ma-

lerfreund Ernst Fries in die Grotta Gradula, die bei den Capresen als Spukort, in dem der alte Tiberius seinen Exzessen frönte, galt. Kopisch benannte seine „Entdeckung“ „Grotta Azzurra“, da das Wasser in einem eigenartigen blauen Farbton schimmert und fixierte damit jene folgenschwere Verbindung zwischen den Verheißungen der blauen Wunderblume und der romantischen Italiensehnsucht, die von nun an die Touristenströme auf die Insel Capri lenkte. 1827 bestieg Kopisch den Ätna. Im gleichen Jahr begegnete er August Graf von Platen, mit dem ihn eine kurze und leidenschaftliche Freundschaft verband. 1829 kehrte Kopisch in seine Heimatstadt zurück und wurde 1833 vom preußischen Kronprinzen Friedrich Wilhelm, den er in Neapel kennen gelernt hatte, in das Hofmarschallamt nach Berlin berufen. Im Winter 1837/38 hielt sich Kopisch nochmals in Italien auf. 1840 erhielt er von dem nunmehrigen König Friedrich Wilhelm IV. den Auftrag, die Geschichte der königlichen Schlösser und Gärten bei Potsdam zu schreiben, deren Veröffentlichung im Jahre 1854 Kopisch nicht mehr erlebte. Er erlag 1853 einem Schlaganfall. Kopischs lyrisches Werk umfasst Gelegenheitsgedichte, Festgesänge, Lieder und Oden. Besonders berühmt wurde seine Ballade „Die Heinzelmännchen zu Köln“ (1836) – ein Stoff, der für seine an Sagen, Märchen, Volkslieder und Schwänke anknüpfende Dichtung beispielhaft ist. Er übersetzte Dantes „Göttliche Komödie“ (1843). Kopischs Prosawerke, zumeist kleine Stücke, sind gekennzeichnet von seiner innigen Verbundenheit zu Italien.

Historisches Weinlied

Oft überstieg um ein gut Glas
Das deutsche Volk den Alpenpaß,
Und – war's gefunden,
Es ließ sichs munden,
Und scheute drum nicht Kampf, nicht Wunden.

Da dachte Kaiser Probus so:
Hat Wein das Volk, so ist es froh;
Pflanz' Wein ich drüben,
Bleibt's weg von hüben;
Laßt es uns dort im Weinbau üben!

Er kam und sprach: Probirt einmal,
Ob Wein hier wachs' um Berg und Thal.
Es wird probiret,
Man reüssiret:
Hoch lebe Probus, der's probiret!

Doch half's ihm nichts; denn hier wie dort
Trank Deutschland doppelt fort und fort,
Ließ unter Singen
Und Römerklingen
Das römsche Reich wie Glas zerspringen.

Das Reich ward römisch-deutsch erneut,
Verging zuletzt auch mit der Zeit;
Doch nicht das Singen
Und Jubelklingen,
Noch mancher Römer wird hier springen!

Moral.

Zweimal verging das römsche Reich,
Das Trinken – bleibt sich immer gleich:
Mit Sorgenbrecher
Gefüllt den Becher,
Lobt Probus Probe noch der Zecher.

Zusatz für Politiker.

Und trinken wir auch römschen Wein,
Braucht drum das Reich nicht röm'sch zu sein!
  Wird's deutsch probiret,
Traun, es floriret.
Hoch leb' der Probus, der's probiret!

Schwärmerei für Sorrent

Um Sorrent rauschet das Meer auf!
Noch hör' ich es rauschen durch meine Träume,
Es rollt zu den Füßen der Stadt das Geschäume,
Badgrotten erfüllend und tiefe Geklüfte.
Und die Felsen herab, zu schwer für die Lüfte,
Wie fließen wie wehen Orangengedüfte!
Sie verströmt der Wald, der droben erblüht,
Wo die Seeluft kühlt wenn die Sonne glüht,
Wo Neapel man schaut und den Berg Vesuv,
Wo man staunet der Welt, die der Geist erschuf,
Das urewig stralende Wunder! –

Um Sorrent rauschet das Meer auf!
Stets rauscht es und ruft: Wie verträumst du das Leben?
Komm her und genieß was die Stunden geben!
Wo anders hast du nur halbe Gedanken,
Die weit in die Ferne verstäubend schwanken:
Komm, laß von der Gegenwart ganz dich umranken!
Wer Sorrentos trauliches Ufer schaut –
Ihm ist wie dem, der errungen die Braut,
Der entzückt, von den Armen der Holden umstrickt,
In ihren Augen die Lieb' erblickt,
Das urewig stralende Wunder! –

Um Sorrent rauschet das Meer auf!
Und Göttergeschenke blühen unzählig!
Doch schüf' mich die Seligkeit jetzt nicht selig,
Nicht selig, wie sonst, durchstreift' ich alleine
Cicadendurchsungne duftathmende Haine
Und die blühende Welt der Schimmer und Scheine. –
Doch ach, wie gern dort schwärmt' ich, wie gern
Mit Seele, die von Sorrent auch fern!
Dann fiel' mir hernieder vom Himmel ein Stück,
Es umfinge mich dann paradiesisches Glück,
Das zu fern mir entrückete Wunder! –

Franz Bernard Heinrich Wilhelm Freiherr von Gaudy

(* 19. April 1800 in Frankfurt a. O. – † 5. Februar 1840 in Berlin) entstammte dem preußischen Militäradel. Er besuchte ab 1810 das Collège Français zu Berlin und ab 1815 die preußisch königliche Landesschule Schulpforta. 1818 trat er ins preußische Heer ein. Ein Jahr später folgte die Beförderung zum Leutnant. Aufgrund von Schulden, Duellen und Liebesaffären erhielt er diverse Disziplinarstrafen und wurde auch mehrfach zwangsversetzt. Nach 15 Jahren Militärlaufbahn ließ Gaudy sich – mit einer Rente durch den Kronprinzen ausgestattet – in Berlin als freier Schriftsteller nieder. Er wurde Mitglied der so genannten „Mittwochsgesellschaft", einem literarischen Kreis um Adelbert von Chamisso, Joseph Freiherr von Eichendorff, Friedrich Freiherr de la Motte Fouqué, Willibald Alexis, August Kopisch und Franz Kugler.

1835 bereiste er gemeinsam mit Kugler Italien, wo er Verbindung zu der in Rom ansässigen Künstlergruppe „Ponte Molle“ aufnahm.

Zu den Frühwerken des Dichters und Novellisten gehören der Lyrikband „Erato“ (1829), die Aufsatzsammlung „Gedankensprünge eines der Cholera Entronnenen“ (1832), die „Schildsagen“ und die Gedichte „Korallen“ (1834). Die Eindrücke der Italienreise beschreibt er in dem dreibändigen Werk „Mein Römerzug“ (1836). Des Weiteren veröffentlichte er mehrere Novellen wie „Desangaño“ (1834), „Aus dem Tagebuch eines wandernden Schneidergesellen“ (1836) und „Venezianische Novellen“ (1838). Weitere Gedichte publizierte er unter anderem in der Sammlung „Lieder und Romanzen“ (1837).

In Gaudys Italiendichtung bewegt sich der Leser in einer melancholischen italienischen Schemenwelt, halb Gespensterlandschaft halb Monument einer verblichenen Glorie. Liebeslyrische Elemente und die Darstellung zwischenmenschlicher Verhältnisse stehen dabei im Zentrum.

Auf dem Lago Maggiore

Träumend schwanken die Kronen
Der Cypressen auf der Höh',
Goldschimmernde Citronen
Glühn aus dem Laub am See.

Vom Berg und aus den Klüften
Quillt leiser Glockenklang,
Wie wenn hoch in den Lüften
Verhallt der Schwäne Sang.

Und wenn die Töne der Glocken
Hinsäuseln über die Flut,
Dann hebt von den schwarzen Locken
Der Steuermann den Hut:

Es murmeln seine Lippen
Halblaut eine Ave-Marie,
Er kreuzt vor den schroffen Klippen
Die Brust, und beugt das Knie.

Am Riff auf zack'gem Steine
Steht der Madonna Bild,
Umzirkelt von goldnem Scheine,
Und segnet den Schiffer mild.

Von ihrer Stirne glänzet
Die Krone von Flitter und Schmelz,
Und ihren Fuß umkränzet
Mit Epheu der starre Fels.

Im Spiegel des Seees zittern
Die zum Segen erhobene Hand,
Der Krone Silberflittern,
Die braune Felsenwand.

Mein Herz bebt wie in der Welle
Das Bild der Königin – –
Über Italiens Schwelle
Gleitet die Barke hin.

Was ich mitbringe?

Was ich aus Rom denn bringe?
So fragst du jetzt gespannt.
Du rätst auf Wunderdinge
Aus jenem Wunderland.

Wohl hab' ich viel Antiken,
Und was antik getauft,

Kameen und Mosaiken
Gesehn – und nie gekauft.

Doch jedem Heiligtume
Entführt' ich kecken Raub:
'ne unscheinbare Blume,
Ein welkes, dürft'ges Laub;

'nen Kranz von dürren Blättern,
Im Buche platt gedrückt,
Den beim Ruinenklettern
Süßträumend ich gepflückt.

Vertrocknete Trophäen
Bring' ich. Schau' selber her.
Willst du nach andern spähen –
Der Mantelsack ist leer.

Und fast möcht' ich erliegen:
Trag' ich doch heimatwärts,
Zu Blättern, die nichts wiegen,
Ein centnerschweres Herz.

Wilhelm Friedrich Waiblinger (* 21. November 1804 in Heilbronn – † 17. Januar 1830 in Rom), Sohn eines Kammersekretärs und einer Pfarrerstochter, verbrachte seine Kindheit in Stuttgart, wohin seine Familie 1806 gezogen war, und ab 1817 in Reutlingen. Der frühreife und extravertierte Waiblinger hörte bereits 1819 Vorlesungen im niederen theologischen Seminar, von 1820 bis 1822 besuchte er das „Obere Gymnasium" in Stuttgart, seit 1822 studierte er Theologie und Philologie am Tübinger Stift, wo er Eduard Mörike und Ludwig Bauer kennen lernte. Wichtig für seine dichterische Entwicklung wurde die Begegnung (1822) mit dem geisteskranken Dichter Friedrich Hölderlin, die er in seinem (stark von Hölderlins „Hyperion" beeinflussten) Roman „Phaëton" (1823) und in der für die Biographie Hölderlins wichtigen Schrift „Friedrich Hölderlin's Leben, Dichtung und Wahnsinn" (1817/28, publiziert 1831) verarbeitet hat. Der griechische Freiheitskampf inspirierte ihn zu den „Liedern der Griechen" (1823) und den Versepen „Vier Erzählungen aus der Geschichte des jetzigen Griechenlands" (1826). Waiblinger erregte während seines Studiums mehrfach unliebsames Aufsehen: so durch die Beziehung zu der fünf Jahre älteren Julie Michaelis, der Schwester eines jüdischen Professors (verarbeitet in dem Roman „Olura, der Vampyr", publiziert 1986), danach durch verschiedene andere Affären, die sich nur undeutlich in seinen damaligen Werken spiegeln („Lieder der Verirrung", „Drei Tage in der Unterwelt", Tagebücher 1821–1826). Das den bürgerlich-pietistischen Tübinger Zeitgenossen als ungebärdiges enfant terrible geltende Halbgenie wurde im September 1826 von der Universität relegiert, hatte aber bereits vorher Beziehungen zu dem bekannten Verleger Johann Friedrich Cotta geknüpft. Ausgerüstet mit einem kleinen Stipendium Cottas trat Waiblinger im Herbst 1826 seine erste Italienreise an. Seinen Lebensunterhalt bestritt er durch zahlreiche Skizzen, Berichte und Feuilletons, die er in bekannten Zeitschriften wie Cottas „Morgenblatt" und der Dresdener „Abendzeitung" publizierte. Waiblinger war kein Kind von Traurigkeit, tat sich in Rom mit der schönen Nena Carlenzo zusammen, lebte in Künstlerkreisen und lernte einen anderen dichtenden Aussteiger kennen, den melancholischen, wegen seiner Homosexualität das liberalere Italien bevorzugenden Grafen August von Platen. Waiblinger, der wie Johann Gottfried

Seume das fußläufige Reisen schätzte, durchwanderte mehrere italienische Regionen (1823/24 Norditalien, ab 1826 Latium, Sabinerland, Olevano, Abruzzen, Neapel und Sizilien), über die er muntere Reportagen ablieferte. Im Herbst 1829 erlitt er verschiedene Blutstürze (wohl eine Folge von Tuberkulose) und starb am 17. Januar 1830. Begraben liegt er auf dem protestantischen Friedhof bei der Cestius-Pyramide in Rom.

Man kann dem ‚Aussteiger' Waiblinger für seinen mutigen Entschluss, in Rom eine finanziell ungesicherte Existenz zu riskieren, die Achtung nicht versagen. So kurz sein Leben war, so manisch produzierte er Texte: Dramen, Versepen, Romane, Novellen, Reisebeschreibungen, Erinnerungen und zahllose Gedichte. Während Waiblinger sich als Lyriker in der Nachfolge Hölderlins sah und wie dieser antike Formen (Oden, Elegien, Hymnen) wählte, so ist doch der prosaische Duktus unverkennbar: eine eigengeprägte Odensprache hat er nicht entwickelt. Die Stärke seiner Schriftstellerei liegt am ehesten in dem, was er als Brotberuf abgetan hätte: den Berichten aus Italien, die sich in der Tat durch frischen Ton und unverstellten Blick auf die Realität auszeichnen.

Bilder aus Neapel

Endlich sah ich ein Volk im Schlaraffenleben sich taumeln,
Und im Schlaraffenland dünkt' ich mir selber zu sein.
Tausende kränzt der phantastische Schmuck, die komische Zierde;
Feder und Tannenreis, hölzerne Gabel und Nuß
Trägt auf dem Strohhut jeder, und gar Lebkuchen und Backwerk;
Und auf geschältem Baum friedlich zusammengereiht
Schleppt man jauchzend das Bild der Mutter Gottes, und Bänder,
Fahne, Kübel und Schau'r, Schuh und Kastanie dabei.
Ueppig deckt der Bacchantin das Haupt großblättriges Weinlaub,

Und aus der Rebe Grün athmet ein glühend Gesicht.
Diese schäkert vom Esel herab und jene vom Wagen,
Dem ein farbiges Tuch Schatten und Decke gewährt;
Stiere ziehen den einen und klingende Rosse den andern,
Aber aus allen erschallt Jubel und Klang und Gesang,
Aber aus allen das Lied zum Tamburine gejauchzet,
Geigen und Flöten, es tobt alles im wilden Verein.
Karavanen ziehen herbei zu Pferde, zu Esel,
Jeder höhnet und wird wieder von Andern verhöhnt.
Allenthalben in Lauben und Höfen, vor schattigen Thoren
Kreiset der Wein, und es wird Becher um Becher geleert;
Auch der Eßlust gedenket das Volk, denn Trinken und Essen
Dünkt ihm das einzige Gut, ist ihm der edelste Wunsch.
Aber in lachenden Gärten und Vignen, auf Wegen und Straßen,
Unter Feigen und Wein wechselt der südliche Tanz,
Klappert die Castagnette zur Tarantella begeisternd,
Pauken des Tamburins bacchische Schläge den Takt.
Lumpen siehst du in Menge, den Lazzaronen im Festschmuck,
Barfuß, aber voll Wein, aber zum Faunen verzückt!
So vom buchtlosen Hang des Vulkans, dem rebenbegrünten,
Zieht man zu Wagen, zu Roß, zieht man zu Fuß in die Stadt!
Wär' es wirklich ein Fest, der Madonna dell' Arco geheiligt,
Ist es ein Carneval oder des Bacchus Triumph,
Was die Sinne berauscht dem saturnalischen Völkchen,
Was zu Jubel und Tanz, Springen und Possen es treibt?
Gönn' ihm, nordischer Freund, die beneideten Freuden, und schelte
Keinen um flüchtigen Rausch, keinen um menschliches Glück!
Nur in frostiger Ferne lernst du das Heilige sehen,
Und unsichtbar und todt, ist's ein Gedanke dir nur;
Aber dem Süden ist's erst zum irdischen Fleische geworden,
Und in lebend'ger Gestalt sitzt es zu Tische mit ihm.

Sorrent

Schön ist's immer, vorüber die Felsen, vorüber die Grotten
Durch die spiegelnde Flut lustig zu gleiten im Kahn,
Schön, auf felsigem Pfad durch Vignen und Gärten zu irren,
Wo der Aloë Wuchs blühend der Mauer entragt,
Und durch Lorbeer und Myrte, durch's Schattengewölbe der Pinie
Manchmal im sonnigen Duft schimmernde Ferne sich zeigt.
Freut dich Limon' und Orange, du findest Thal und Gebirge
Von goldprangendem Grün, südlichen Hainen bedeckt,
Liebest du Schatten, so bleibe mir hier; so triffst du sie nirgends,
Wie im schönen Sorrent, Sommer und Winter vereint.
Nichts als Orang' und Mauer um dich, und Mau'r und Orange,
Siehst du die lautere Glut weder des Meers noch der Luft.
Suchest du Menschen von besserem Schlag, so hast du Torquato's
Alterndes Haus, doch sonst Gauner und Schelmen um dich.
Bist du ein Feind des Weines, so komm, hier wirst du ihm Todfeind,
Hassest du Führer und Wirth, zank' und vertheid'ge dich hier.
Willst du ertrinken, vertrau' dich getrost dem kundigen Schiffer,
Glaubst du mir nicht auf mein Wort, komm' und erprob' es mir selbst.

Christian Friedrich Hebbel (* 18. März 1813 in Wesselburen – † 13. Dezember 1863 in Wien) wurde als Sohn eines Tagelöhners in ärmlichen Verhältnissen in der unter dänischer Herrschaft stehenden Region Norderdithmarschen geboren. 1827 trat er in den Dienst eines Kirchspielvogts, bei dem er vom Laufburschen zum Schreiber aufsteigen konnte. Im „Eiderstedter Boten" veröffentlichte er erste Gedichte, durch welche er die Herausgeberin Amalie Schoppe auf sich aufmerksam machen konnte, die ihn dazu bewegte nach Hamburg zu ziehen. Hier traf er auf die neun Jahre ältere Elise Lensing, mit der er zwei Kinder hatte, und schuf sein Erstlingsdrama „Judith" (1840), eine Interpretation des biblischen Buchs. 1843 ermöglichte ihm der dänische König Christian VIII. ein Reisestipendium, das Hebbel vorerst nach Paris führte, wo er Heinrich Heine und Arnold Ruge kennen lernte und das letzte ‚bürgerliche' Trauerspiel „Maria Magdalena" (1843), das die Zustände des deutschen Kleinbürgertums seiner Zeit behandelt, schrieb. Im darauf folgenden Jahr reiste der von Gelenkrheumatismus geplagte Schriftsteller über Lyon, Avignon und Marseille und setzte von dort mit dem Dampfschiff in die Nähe von Rom über. Nach einem Aufenthalt in Neapel kehrte er erneut in die „ewige Stadt" zurück, um sich schließlich über diverse Zwischenstationen nach Wien zu begeben. 1846 heiratete er dort die gefeierte Burgschauspielerin Christine Enghaus, was seine finanzielle Versorgung sicherte, so dass er sich seinem literarischen Schaffen zuwenden konnte. In Wien erhielt Hebbel öffentliche Anerkennung für sein Werk, die sich in Auszeichnungen wie dem neu geschaffenen Schillerpreis ausdrückte. Im Alter von nur 50 Jahren verstarb Hebbel an „Knochenerweichung". Zu seinen Werken zählen neben den

Trauerspielen „Agnes Bernauer“ (1851) und „Die Nibelungen“ (1860) verschiedene Erzählungen und mehrere Lyrikbände.

Hebbel gehörte zu jenen Poeten, die der Euphorie und der Verherrlichung des Italienerlebnisses nicht mehr folgen wollten. Während seiner Reise durch südliche Lande beunruhigten ihn vielmehr Zukunftsängste hinsichtlich seiner finanziellen Absicherung, so dass keine große Begeisterung für efeuumrankte Olivenhaine aufkam. Noch unter den Eindrücken des pulsierenden Pariser Lebens stehend wirkte Rom auf ihn wie ein Mausoleum und ein „Grab der Vergangenheit“. Nur in der deutschen Künstlerkolonie fühlte sich der Dichter, für den bereits die Unkenntnis der italienischen Sprache eine Hürde darstellte, beheimatet. Klerikale Rituale wie die Osterprozession erweckten bei dem Protestanten Ekel und Zynismus. Seine Genussfähigkeit kam erst mit seiner zunehmenden Popularität und steigendem Bekanntheitsgrad auf. Bei einem Aufenthalt in Neapel lernte der Dramatiker die Vorzüge des neapolitanischen Nachtlebens und nun auch die idyllischen Landschaften schätzen. Dennoch blieb für Hebbel Italien als ein ambivalenter Ort zwischen sozialer Armut der Gegenwart und verwitternder Pracht der Vergangenheit bestehen.

Eine Mondnacht in Rom

Bei’m Dämmerlicht des Mondes schau’ ich gerne
Der grauen Weltstadt bröckelnde Ruinen,
Die uns als Maaß für ihre Größe dienen,
Woran der Mensch sich selber messen lerne;

Denn dieses Licht, das einem trüben Sterne
Entfließt, hat ihre Schlachten nie beschienen,
Nur die Gefall’nen mit den eh’rnen Mienen,
Umstanden von des Heeres bestem Kerne.

Jetzt trägt sie selbst, wie die, den Todesstempel,
Drum ziemt sich's, daß dasselbe Licht ihr leuchte,
Dann träumt vielleicht ein Dichter, daß die Sonnen

Erlöschen, wie Palläste hier und Tempel
Zusammenstürzen, und der oft verscheuchte
Vernichtungsengel jetzt den Sieg gewonnen!

Adolf Friedrich von Schack (* 2. August 1815 in Brüsewitz bei Schwerin – † 14. April 1894 in Rom), Sohn eines Diplomaten, verbrachte seine Studienzeit in Bonn, Heidelberg und Berlin, wo er im Anschluss als Jurist in den preußischen Staatsdienst trat und an das Kammergericht Berlin berufen wurde. Bereits nach einem Jahr quittierte er sein Amt und unternahm aus gesundheitlichen Gründen bis 1840 Reisen nach Italien, Ägypten und Spanien. Nach seiner Rückkehr wurde er im Oldenburger Großherzogtum erneut in den Staatsdienst aufgenommen und lebte von 1849 an als Bevollmächtigter seines Heimatstaates in Berlin. Nachdem Schack sich 1852 ins Privatleben zurückgezogen hatte, reiste er zum zweiten Mal nach Spanien, um dort die Geschichte der Mauren studieren zu können. 1855 folgte der Umzug nach München, wo er als Kunstmäzen fungierte und mit der Schack-Galerie eine wertvolle Gemäldesammlung schuf, die bis heute erhalten ist. 1876 wurde er geadelt und 1881 zum Ehrenbürger der Stadt München ernannt.

Das Werk „Poesie und Kunst der Araber in Spanien und Sicilien" (1865) des in der Tradition der Klassik stehenden Dichters gilt als ein bedeutender Beitrag zur Kunst- und Literaturgeschichte. Als ein hervorragender Kenner der arabischen Kultur widmete sich Schack der Übersetzung diverser morgenländischer Dramen und Dichtungen, so dass bereits 1886 ein Teil seines Schaffens in „Gesammelten Werken" (6 Bde.) herausgegeben wurde. Zu seinen Dramen zählen die Trauerspiele „Die Pisaner" (1872), „Walpurga" und „Der Johanniter" (beide 1887) sowie die politischen Lustspiele „Der Kaiserbote" und „Cancan" (beide 1883). 1887 veröffentlichte Schack seine Autobiografie „Ein halbes Jahrhundert. Erinnerungen und Aufzeichnungen" (3 Bde.), die sich besonders den Reisebeschreibungen widmet. Die Sammlung „Nachgelassene Dichtungen" wurde 1896 posthum publiziert.

Schacks Italiengedichte zeichnen sich durch eine Vielfalt an Bildern und Themen aus. Zum einen befasst er sich – wie die meisten seiner zeitgenössischen Dichterkollegen – mit den Monumenten und mythologischen Sagengestalten der Antike, zum anderen nimmt er Bezug auf jüngere historische Ereignisse wie die Kriege zwischen den Osmanen und der Republik Venedig. Neben Schwärmereien für die italienischen Naturlandschaften thematisiert die Lyrik des Kunstliebhabers im schwermütigen Ton den Zustand der „ewigen Stadt" Rom und deren „welke Reste vergangner Herrlichkeit".

Auf Capri

Hier mein Leben möcht' ich verträumen
Ueber der Brandung am leuchtenden Meer;
Jubelnd in den unendlichen Räumen
Schweift auf den Wellen die Seele einher;

Wiegt sich an hallenden Felsengestaden,
Wo auf den Klippen die Goldfrucht reift
Und mit Duft der Citronen beladen
Ueber die Fluth der Südwind streift;

Schlummert in Grotten und dämmernden Hallen,
Taucht in der Wasser verborgensten Schacht,
Wo es von Perlen und bunten Korallen
Funkelt und blitzt in der purpurnen Nacht.

Wenn im Sturme sich bäumen die Wogen,
Tragen sie mich auf dem gleitenden Saum
Durch die siebenfarbigen Bogen
Die sich wölben über dem Schaum,

Und zu gähnenden Fluthabgründen
Stürz' ich hinunter mit dem Orkan,
Bis wo den flammenden Kraterschlünden
Brausend entquillt der Ocean.

Wieder dann droben, nahe dem Himmel,
Jauchzt die Seele im lichten Azur,
Singt mit dem donnernden Wogengetümmel
Deine ewige Hymne, Natur!

Und als zerrinnende Welle im Meere,
Doch wie du selber unsterblich und groß,
Kehr' ich im Geiste, du Göttliche, Hehre,
Heim in deinen allheiligen Schooß!

Fontana Trevi

Früh schon hab' ich, fast noch Knabe,
Meine Lippen so wie jetzt,
Quelle Trevi, an der Labe
Deiner reinen Fluth genetzt.

Und von deinem Zaubertranke
An die ew'ge Stadt gebannt,

Jahr für Jahr, der Sehnsuchtkranke
Zog ich an den Tiberstrand.

Saß auf bröckelndem Gesteine,
Wo Metellas Asche ruht,
Schweifte in Egerias Haine,
Schlürfte, Quell, von deiner Fluth.

Und auf mich, da der Albaner
Berge wieder vor mir blaun,
Seh' ich nun als ernsten Mahner
Cestius' Denkstein niederschaun.

Seis! Muß ich zum letzten Male
Schöpfen aus dem Trevi-Strom,
Noch die randgefüllte Schale
Weih' ich dem geliebten Rom.

Franz Emanuel August Geibel (* 17. Oktober 1815 in Lübeck – † 6. April 1884 ebd.) war einer der populärsten Dichter seiner Zeit. Der Sohn eines reformierten Pfarrers besuchte das Katharineum zu Lübeck und studierte ab 1835 Theologie und Klassische Philologie erst in Bonn, dann ab 1836 in Berlin, wo Freundschaften zu Adelbert von Chamisso, Bettina von Armin und Joseph von Eichendorff entstanden. Die Einstellung als Hauslehrer bei dem russischen Gesandten in Athen ermöglichte es ihm auf der Reise in die griechische Metropole einen kurzen Halt in Verona zu machen und mehrere Tage in Venedig zu verweilen. Zwischen Marmorpalästen und Kanälen fühlte sich Geibel gefesselt von der Stadt der Wunder, die ihm wie ein steinernes Märchen erschien. Geibel war fasziniert von den antiken italienischen Stätten, die er in seiner Dichtung in klassischen Versmaßen und mit sentimentalischer Wehmut besingt. Nach der Rückkehr veröffentlichte er 1840 seinen ersten Lyrikband „Gedichte". Der preußische König Friedrich Wilhelm IV., der zu seinen Bewunderern zählte, gewährte ihm eine lebenslange Pension von 300 Talern. Der von seinen Zeitgenossen hoch geschätzte Dichter schloss sich der „Jung-Lübeck" genannten Erneuerungsbewegung an. 1852 folgte er dem Ruf des bayerischen Königs Maximilians II. nach München und heiratete Amanda Trummer. Dort erhielt er bis 1868 die Ehrenprofessur für deutsche Literatur und Poetik und wurde im selben Jahr geadelt. Nachdem er aus politischen Gründen nach Lübeck zurückgekehrt war, distanzierte er sich sowohl vom Münchner Dichterkreis „Die Krokodile" als auch von der „Königlichen Tafelrunde", denen er 1852 beigetreten war. Besonders seine patriotischen Gedichte brachten dem bekennenden Franzosenhasser den Beinamen „Sänger des Reichs" ein. Sein Gedicht „Der Mai ist gekommen" wurde nach der Vertonung durch Justus Wilhelm Lyra zu einem der bekanntesten deutschen Frühlingslieder. Nach seiner Heimkehr nach Lübeck verehrte man ihn als den „Dichter der Stadt", den Thomas Mann im Roman „Die Buddenbrooks" in der Person des Jean-Jaques Hoffstede festhielt. Zu seinen Spätwerken zählen unter anderem die Lyrikbände „Heroldsrufe" (1871) und „Spätherbstblätter" (1877).

Gondoliera

O komm zu mir, wenn durch die Nacht
Wandelt das Sternenheer!
Dann schwebt mit uns in Mondespracht
Die Gondel über's Meer.

Die Luft ist weich wie Liebesscherz,
Sanft spielt der goldne Schein,
Die Cither klingt, und zieht dein Herz
Mit in die Lust hinein.
O komm zu mir, wenn durch die Nacht
Wandelt das Sternenheer!
Dann schwebt mit uns in Mondespracht
Die Gondel über's Meer.

Das ist für Liebende die Stund',
Liebchen, wie ich und du;
So friedlich blaut des Himmels Rund,
Es schläft das Meer in Ruh.
Und wie es schläft, da sagt der Blick
Was keine Zunge spricht,
Die Lippe zieht sich nicht zurück
Und wehrt dem Kusse nicht.
O komm zu mir, wenn durch die Nacht
Wandelt das Sternenheer!
Dann schwebt mit uns in Mondespracht
Die Gondel über's Meer.

Jacob Christoph Burckhardt (* 25. Mai 1818 in Basel – † 8. August 1897 ebda.) erwarb sich im Elternhaus und auf dem Gymnasium, wo er besonders Wilhelm Wackernagel hörte, eine profunde humanistische Bildung. In seiner Heimatstadt studierte der Sohn eines Pfarrers und Antistes der reformierten Kirche 1837 zunächst Evangelische Theologie, wechselte nach vier Semestern zum Studium der (Kunst-)Geschichte und der Philologie über und hörte von 1839 bis 1843 in Berlin Johann Gustav Droysen, Leopold Ranke, August Boeck, Franz Theodor Kugler und Jacob Grimm. 1843 in absentia in Basel promoviert, habilitierte er sich bereits ein Jahr später dort für Geschichte und arbeitete kurzzeitig als Redakteur bei der „Basler Zeitung“ (1844/45). Daneben beteiligte er sich an der Abfassung des „Brockhausschen Konversationslexikons“. Zwischen 1846 und 1848 hielt er sich öfter in Italien auf. Aus den in Italien gewonnenen Eindrücken entstanden Gedichte, die dem romantischen Italientopos als Land der Sehnsucht entsprechen, aber auch sagenhafte und historische Sujets der italienischen Geschichte behandeln. Vor allem kristallisierte sich im weiteren Verlauf seiner wissenschaftlichen Arbeiten die heuristische Funktion Italiens heraus, die Burckhardts Studien entscheidend vorantrieb. Von 1855 bis 1858 war Burckhardt ordentlicher Professor für Kunstgeschichte an der Eidgenössischen Hochschule in Zürich. 1858 übernahm er in Basel den Lehrstuhl für Geschichte, wo er seit 1886 ausschließlich Kunstgeschichte behandelte. Zu einem seiner größten Bewunderer zählte Friedrich Nietzsche, sein bedeutendster Schüler war der Kunsthistoriker Heinrich Wölfflin. Innerhalb seines umfassenden Œuvres gelten als Hauptwerke „Die Zeit Constantins des Großen“ (1853 u. ö.), „Der Cicerone. Eine Anleitung zum Genuß der Kunstwerke Italiens“ (1855 u. ö.), „Die Cultur der Renaissance in Italien. Ein Versuch“ (1860 u. ö.), die postum erschienene „Griechische Kulturgeschichte“ (4 Bde., 1898–1902, ausgearb. seit 1870) und die vielgelesenen „Weltgeschichtlichen Betrachtungen“ (1905, entstanden 1868–1873). Italien bedeutet für Burckhardt eine Kultur- und Seelenlandschaft, wobei er vor allem Rom den Vorzug gibt. Sein „Cicerone“, der klassische Führer durch die Kunstschätze Italiens, blieb bis zum Ersten Weltkrieg das wichtigste Handbuch für Italienreisende. „Die Cultur der Renaissance in Italien“, das Werk, das Burckhardts Ruhm als einer der Väter der modernen Kunstgeschichte be-

gründet, gilt als die erste umfassende Darstellung jener Epoche. Daneben sind für den Italientopos u. a. die nachgelassenen Schriften „Unbekannte Aufsätze aus Paris, Rom und Mailand" (eingel. u. hrsg. von Josef Oswald, 1922); „Gedichte" (nach den Handschriften des Jacob-Burckhardt-Archivs in Basel, hrsg. von Karl E. Hoffmann, 1926); „Der Briefwechsel Jacob Burckhardts mit Paul Heyse. 1849–1890" (hrsg. von Erich Petzet, 1916) und „Drei Briefe Jacob Burckhardts aus Rom" (überreicht von der Jacob-Burckhardt-Stiftung, 1918) von Bedeutung.

Seebad

Wehet weiter, Abendwinde,
Weiche Wellen mir entgegen,
Daß sie wallend und gelinde
Tau'n auf mich den milden Regen;
Daß, geschaukelt von der süßen
Warmen Wucht thyrrhenischer Wogen,
Ich Italien kann begrüßen,
Das mich fest ans Herz gezogen!

In dem Arm der heil'gen Fluten
Laß ich tragen mich und wiegen;
Ueber mir des Abends Gluten
Golden ausgespannet liegen.
Wellen von Siciliens Küsten
Und von Afrikas Gestaden –
Jede strebt, zu ihren Brüsten
Mütterlich mich einzuladen.

Altverklung'ne Wiegenlieder
Aus der Fluten tiefstem Grunde
Tönen mir im Ohre wieder
Schön wie aus Sirenenmunde:

„Der die Alpen du erklommen,
Da wir dein so lange harrten,
Fremdling, sei uns froh willkommen
Im hesperischen Zaubergarten!“ –

Heinrich Theodor Fontane (* 30. Dezember 1819 in Neuruppin – † 20. September 1898 in Berlin) stammte aus einer Apothekerfamilie. Er verbrachte seine Kindheit bis zu seinem siebten Lebensjahr im brandenburgischen Neuruppin, wo die Familie eine Apotheke leitete. Nachdem diese aufgrund der Spielschulden des Vaters veräußert werden musste, zog man nach Swinemünde. Fontane besuchte ab 1832 das Gymnasium in Neuruppin und im Anschluss eine Gewerbeschule in Berlin, deren Ausbildung er jedoch 1836 abbrach, um Apotheker zu werden. Bereits während seiner Gesellenjahre in Burg, Leipzig, Dresden und Letschin – die von einer Typhuserkrankung unterbrochen wurden – veröffentlichte er die erste Novelle „Geschwisterliebe“ (1839) und verfasste zahlreiche Gedichte. Bernhard von Lepel machte ihn 1843 mit der Berliner literarischen Gesellschaft „Tunnel über der Spree“ vertraut, wo Fontane von 1844 bis 1865 Mitglied wurde. Nach dem Militärdienst, einer Reise nach England und der Verlobung mit Emilie Rouanet-Kummer erhielt er im März 1847 seine Approbation als Apotheker. Er engagierte sich in den Barrikadenkämpfen und nach einer Anstellung in einem Krankenhaus entschloss er sich 1849 den Apothekerberuf vollends aufzugeben und sich ausschließlich der Schriftstelle-

rei zu widmen. 1850 veröffentlichte er sein erstes Buch „Männer und Helden. Acht Preußenlieder". Es folgten die Hochzeit und der Umzug nach Berlin. 1851 erhielt Fontane einen Posten bei der „Centralstelle für Preßangelegenheiten". In deren Auftrag verbrachte er mehrere Jahre in London und widmete sich nach seiner Rückkehr der Reiseliteratur. Ab 1860 arbeitete er in der Redaktion der „Neuen Preußischen (Kreuz-) Zeitung", die ihn das kommende Jahrzehnt beschäftigte. Danach war er als Theaterkritiker tätig. Bei einem Urlaub in Paris 1870 verhaftete man Fontane unter Spionageverdacht. Auf Drängen Bismarcks wurde der Schriftsteller wieder freigelassen. Gemeinsam mit seiner Frau reiste er zwischen 1874 und 1876 diverse Male in die Schweiz, nach Österreich und Italien. Zu den italienischen Stationen zählten unter anderem Verona, Venedig, Florenz, Rom, Neapel, Pompeji, Mailand und Bologna. Im Anschluss arbeitete er weiter als freier Autor. Es folgten zahlreiche Schriften, unter anderem die Romane „Irrungen, Wirrungen" (1888) und „Effi Briest" (1894/95) und die Autobiografie „Von Zwanzig bis Dreißig" (1898). Des Weiteren schrieb der wohl bedeutendste deutschsprachige Vertreter des poetischen Realismus über 250 Gedichte, Balladen und Sprüche. Am 20. September 1898 verstarb Fontane, der bereits sechs Jahre zuvor an einer Gehirnischämie erkrankt war, in Berlin.

Fontanes Italiengedichte bezeugen seine Skepsis gegenüber Obrigkeiten. So erweist sich in der lyrischen Phantasiewelt nur der nächtlich wandelnde, steinerne Markuslöwe als Bewahrer der Freiheit, der den Griff nach der Macht durch die Venezianischen Dogen vereiteln kann.

Der Markuslöwe

Venedig schläft; doch schlummerscheu
Wacht der geflügelte Markusleu,
Er wacht und von der Lagune zum Meer
Wandert sein Auge hin und her.

Und wie er starr in die Ferne schaut,
Da wird's in der Piazetta laut,
Das Wasser steigt, und Well' auf Well'
Umplätschert des Löwen Fußgestell.

Der Wogen eine züngelt empor
Und raunt dem ehernen Wächter ins Ohr:
„Was blickst du starr in die See hinaus,
Dieweil Verderben im eigenen Haus?

Als ich am Palaste vorübergerauscht,
Hab' ich den grauen Falieri belauscht;
Bedroht ist die Freiheit, bedroht ist der Staat,
Im Herzen des Dogen brütet Verrat.

Was suchst du den Feind auf der Adria?
Falieri heißt er, nicht Doria;
Nach Kron' und Zepter trachtet sein Sinn
Leu, rette die Meereskönigin!"

Da springt mit einem gewaltigen Satz,
Der Löwe hinab auf den Markusplatz; –
Schon huscht der Verrat durch die Straßen scheu,
Da hält am Markusturme der Leu.

Mit seiner Tatze zerschlägt er das Tor,
Er fliegt die steinernen Treppen empor,
Umklammert die Glocke hoch oben im Turm
Und der Markuslöwe läutet Sturm.

Wie wenn er die Toten wecken will,
Mischt er dem Donner sein eigen Gebrüll; –
Venedig ist wach, entdeckt der Verrat,
Gefangen Falieri, gerettet der Staat.

Auf seiner Säule rastet aufs neu'
Venedigs Wächter – der Markusleu;
Den Dogen findet das Morgenrot
Auf dem Schafotte blutig und tot.

Welches von beiden

Rom im Siebenhügelkranz,
Cremmen, Schwante, Vehlefanz,
Nemi-See, Genzano-Sträußchen,
Stralau, Treptow, Eierhäuschen,
Blick aufs Forum, Ara Celi,
Tasse Kaffee bei Stehely,
Lockt auch Fremde, Schönheit, Pracht,
Glücklicher hat mich die Heimat gemacht.

Hermann Lingg (* 22. Januar 1820 in Lindau am Bodensee – † 18. Juni 1905 in München), aus einer Beamtenfamilie stammend, besuchte von 1831 bis 1837 das Gymnasium in Kempten. Vor Beginn des Studiums unternahm er eine längere Italienreise (1838), studierte danach Medizin in München, Freiburg, Berlin und Prag und trat 1846 als Arzt in den bayerischen Militärdienst ein. 1848 wirkte sein Bataillon bei der Niederschlagung revolutionärer Verbände in Baden mit – gegen seine Überzeugung. Die daraus resultierende Depression wurde

auf rabiate Weise behandelt: Lingg wurde in eine Heilanstalt eingewiesen und 1851 als Geisteskranker zwangspensioniert. Seine 1854 geschlossene Ehe sowie die Anerkennung seiner von Emanuel Geibel protegierten Gedichte (1853) gaben seinem Leben die positive Wende. Als Lyriker bevorzugte Lingg historische Stoffe; seine Dramen und sein gewaltiges Versepos „Die Völkerwanderung“ (3 Bde., 1866–68) standen immer im Schatten seiner lyrischen und balladesken Werke. Sein humoristisches Gedicht vom Krokodil von Singapur gab der Dichtervereinigung „Krokodil“ den Namen. Auch im Münchner Dichterkreis um Geibel und Paul Heyse spielte Lingg eine wichtige Rolle. 1890 wurde ihm der Adel verliehen. Die Italiengedichte stammen aus dem zweiten Band der dreibändigen Sammlung „Gedichte“, die später durch zwei Nachzügler („Schlusssteine, neue Gedichte“, 1878; „Lyrisches, neue Gedichte“, 1885) ergänzt wurden.

Seine geistig hochgespannte Lyrik handelt häufig von historischen Themen; auch in seinen Landschafts- oder Städte-Gedichten bedient er sich historisch-antiquarisch-mythologischer Bildungselemente. Lingg beherrscht gleichermaßen Sonette, Reim-Strophen und antike Odenformen. In seinem rhetorischen Sprachduktus erinnert er von ferne an Schillers philosophische Lyrik.

Auf dem Vesuv

Wir hatten uns am Kraterrand
Die Fackeln angezündet,
Und schwangen nun in unsrer Hand
Die Gluth vom Feuerherde,
Der aus dem Grund der Erde
In Flammen sich entschlündet.

Ich ließ voraus den Führer gehn,
Und blieb in Nacht und Stille
Allein noch bei den Felsen stehn,

Nur über mir die Sterne,
Nur tief aus dunkler Ferne
Der Nachtgesang der Grille.

Nur hie und da ein Meteor
Stieg aus den Kratertiefen
Ins schweigende Azur empor,
Und zeigte mir die Spuren
Erloschner Lavafluren,
Die ringsum lautlos schliefen.

Welch ungeheures Todtenreich!
Und außer mir kein Leben,
Kein Leben fühlt' ich, und zugleich
Fühlt' ich ein tödtlich Trauern,
Ein namenloses Schauern
Mein einsam Herz durchbeben.

Ich sah in dieser dunkeln Kraft,
Die ewig gährt und nimmer
Trotz aller Gluthen Segen schafft,
Das Abbild eines Strebens,
Das groß ist, doch vergebens,
Das schön ist, doch nur Schimmer.

Unendlich einsam fühlt' ich mich;
Mir war's, als ob der warme,
Aus meiner Brust, der Odem wich,
Als sänk' ich schon den kalten
Planetischen Gewalten
Versteinert in die Arme.

Und eine Sehnsucht ging mich an
Nach oft geschmähten Banden;
Mich zog's nach allem Weh und Wahn

Des Erdenlebens wieder.
Erhöhter stieg ich nieder,
Als oben ich gestanden.

Wie leuchtete das Licht so schön
Aus den gestirnten Fluren
Auf Buchten, Haine, Rebenhöh'n
Durch's Dunkel der Kastanien;
Die Nacht lag auf Campanien
Und auf dem Meer azuren.

Capri

Am Abend kamen die Winde frischer,
Wir fuhren das holde Capri vorbei,
Die Barcarole sang ein Fischer
Und hing sein tropfend Ruder bei.

Zwei Vorgebirge, die Bucht umragend,
Erhoben, von Cactus und Wein umlaubt,
Der Vorzeit Mauerkronen tragend,
Ihr sonnverbranntes Felsenhaupt.

Dort drüben die Villa des Römertyrannen,
Ein wüster zertrümmerter Steincoloß,
Und hier, fast wie aus deutschen Tannen
Ein hohenstaufisch Felsenschloß.

Der Schiffer wußt' uns viel zu erzählen
Vom finstern Cäsar Tiberius,
Wie er dort oben in prunkenden Sälen
Gehaust voll Angst und Ueberdruß,

Und wie er um die hohlen Schläfe
Beim Blitzgezuck am Meeresstrand,
Befürchtend, daß der Gott ihn träfe,
Den Lorbeer schlang mit feiger Hand.

Und weißt du, fragt' ich, nichts zu sagen
Von jenen andern Trümmern dort?
Lebt auch von ihres Herrschers Tagen
Noch ein Gedächtniß der Menschen fort?

Der Schiffer fuhr sich über die Stirne,
Und sprach: das ist ein vergessener Traum;
In meinem alten Matrosengehirne
Vergehn die Märchen wie Meeresschaum.

Er sprach's und eine Mandoline
Erklang vom Strand – es mahnte mich,
Als käm' aus jener Burgruine
Ein klagend Echo: Friederich.

Und nicht mehr in den öden Gängen
Den finstern Römer sah ich drohn;
Ich sah bei Fest und Minnesängen
Constanza's blondgelockten Sohn.

Ich sah an des Altanes Borden
Ihn sinnend stehn, auf's Schwert gelehnt,
Im Geist bekümmert um den Norden,
Das Herz dem Süden zugesehnt.

Und als schon Nacht den Strand umwebte,
Der Mond im dunkeln Meer erblich:
In meiner Seele Tiefen bebte
Noch lang das Echo: Friederich.

Ferdinand Adolf Gregorovius (* 19. Januar 1821 in ostpreußischen Neidenburg – † 1. Mai 1891 in München), Sohn einer masurischen Pfarrers- und Juristenfamilie, studierte nach dem Besuch des Gymnasiums in Gumbinnen ab 1838 in Königsberg Theologie und Philosophie, wo er sich der farbentragenden und pflichtschlagenden Studentenverbindung Corps Masovia anschloss. 1843 promovierte er mit einer Arbeit zur Ästhetik Plotins bei dem Philosophen Karl Rosenkranz.

Als erstes literarisches Werk veröffentlichte Gregorovius die Satire „Konrad Siebenhorn's Höllenbriefe an seine lieben Freunde in Deutschland" (1843). Er arbeitete zwei Jahre als Hauslehrer und unterrichtete anschließend an einer Privatschule in Königsberg. Parallel war er für die Redaktion der „Neuen Königsberger Zeitung" tätig. In dieser Zeit entstand das politische Pamphlet „Die Idee des Polenthum's. Zwei Bücher polnischer Leidensgeschichte" (1848), in dem er die Freiheitsbewegung Polens unterstützte. Nachdem er 1852 seinen Dienst als Lehrer quittiert hatte, reiste er nach Italien. Anfangs enttäuscht von der Reise, setzte er nach Korsika über und durchwanderte die Insel für drei Monate. Zur Ausarbeitung seiner Aufzeichnungen ließ er sich in Rom nieder, wo er – von der Historizität der „ewigen Stadt" beseelt – diverse geschichtliche Beiträge verfassen sollte. Zu diesen zählte unter anderem der achtbändige Klassiker „Die Geschichte der Stadt Rom im Mittelalter. Vom V. bis zum XVI. Jahrhundert" (1859–1872). Nachdem er seinen Wohnsitz 1874 nach München verlegt hatte, galt sein Schaffen weiterhin der Forschung und Schriftstellerei unter anderem auch unter dem Pseudonym F. Fuchsmund. 1880 und 1882 folgten Reisen nach Griechenland und in den Orient, auf die

Arbeiten wie die Monographie „Athenaïs. Geschichte einer byzantinischen Kaiserin“ (1882) zurückgehen.

Der Umfang von Gregorovius’ Italiendichtung ist enorm. Diese zeichnet sich vor allem durch die Darstellung von Plätzen und Personen der Geschichtsschreibung und Mythologie vor dem Hintergrund des derzeitigen italienischen Lebens aus. Dabei ist Gregorovius bestrebt, durch die Wahl seiner Bilder die Einheit von antiker und zeitgenössischer Kunst aufzuzeigen.

Der Pinienbaum

Ich sitze auf dämmerndem Hügel
Am duftigen, blühenden Hang;
Was rauschet mir zu den Häupten
Für seltsam melodischer Klang?

Sind es die Schwäne, die wilden,
Die über die Länder fliehn?
Sind es die Stimmen der Glocken,
Die hallend die Lüfte durchziehn?

Ich blicke empor: da erglühet
Der alternde Pinienbaum;
Es rauscht und singt in den Zweigen,
Ein Lüftchen reget sie kaum.

Wie Harfen bricht es herunter,
Wie Flöten klingt es herein,
Ihm weckt die schmerzlichen Klänge
Des Abends verschwebender Schein.

Rings stehn zerfall’ne Paläste,
In Schleier von Epheu gehüllt,
Vergessen liegt unter Blumen
Ein trauerndes Marmorbild.

Ich weiß, was sie singet und klaget,
Die Pinie im einsamen Feld,
Die einzige, lebende Zeugin
Aus schöner, versunkener Welt.

Moritz Karl Wilhelm Anton Graf von Strachwitz (* 13. März 1822 in Peterwitz bei Frankenstein – † 11. Dezember 1847 in Wien), der aus einem alten schlesisch-katholischen Adelsgeschlecht stammte, studierte seit 1841 Rechtswissenschaft in Breslau und seit 1842 in Berlin. Dort fand er Anschluss an den Literaturverein „Tunnel über der Spree“ und lernte Theodor Fontane kennen. Nach einer im Jahr 1843 unternommenen Skandinavienreise legte er 1844 das Auskultatoren-Examen ab und war als Referendar beim Kreisgericht Grottkau tätig. 1845 zog er sich auf das väterliche Gut Peterwitz zurück, wo er seinen literarischen Neigungen lebte. Auf einer Italienreise schwer erkrankt, starb er während der Rückreise.

Seine Bedeutung beruht auf seinen Balladen, deren bekannteste, das in der Chevy-Chase-Strophe verfasste Gedicht „Das Herz von Douglas“, auch die Balladendichtung Theodor Fontanes beeinflusst hat. Seine Gedichte liegen in den beiden Sammlungen „Lieder eines Erwachenden“ (1842) und „Neue Gedichte“ (1848) vor. Darunter finden sich sowohl romanische Gedicht- und Strophenformen wie Sonette, Terzinen und Stanzen, als auch orientalische wie Ghasel sowie germanische wie Volksliedstrophen und eben die erwähnte Chevy Chase-Strophe. Den Gedichten Strachwitz' eignet ein aristokratischer Ton, der sich gegen den biedermeierlichen Weltschmerz und gegen das politische Engagement der Vormärzdichtung richtet und sich in seiner Betonung heldisch-konservativer Werte an Gestalten und Haltungen des Mittelalters orientiert. Seine Gedichte aus Italien gipfeln im nachgelassenen Terzinenzyklus „Venedig“, der sich mit seiner Beherrschung der Form an der Venedig-Dichtung August von Platens orientiert, inhaltlich jedoch andere Akzente setzt. Platens Venedig ist ein melancholischer Ort versunkener Größe; Strachwitz dagegen besingt die gegenwärtige Stadt in all ihrer Buntheit und Schönheit.

Venedig

Kannst Du das Leben nicht lebendig leben,
Statt über diesen feuertrunknen Farben
Auf schwarzem Fittich alten Grams zu schweben?

Venedig fiel und seine Helden starben! –
Doch sieh, der Markusplatz ist lauter Feuer
Und wirft ins Wasser tausend Strahlengarben.

Hier schwimmt die Lust und wirft hinweg das Steuer,
Hier wehn der Schönheit jugendlichste Lichter
Um alter Meister herrlichstes Gemäuer.

Da unten aber wogt es dicht und dichter;
Und zwingt Dich nicht zum reizenden Vergessen
Die Lebensfülle strahlender Gesichter?

Der tiefe Himmel wölbt den Platz indessen
Mit Amethyst zum säulenstolzen Saale,
In keinem schönern bist Du je gesessen! –

Umsonst, umsonst! Mein Auge schmerzt vom Strahle,
Mein Herz ist müd – laß schnell Dein Ruder triefen,
Mein Gondolier, hinab den Gran Canale!

Wenn Licht und Lärm sich hinter uns verliefen,
Dann kann mein Aug' auf Mondeswellen schweifen
In öder Fenster schwermutsvolle Tiefen!

Hier weht von wundervollen Säulenknäufen
Der Schwermut Schlingkraut über Tor und Mauer,
Hier kann mein Herz im Stillen blühn und reifen!

Nicht kam ich her zu diesem Wonneschauer,
Venetia, daß kurzer Glanz mich bade,
Ich kam zu Dir, zu teilen Deine Trauer!

Kein Fenster klirrt auf meinem öden Pfade,
Und nur die Welle, träumerisch und trübe,
Spielt an Venedigs marmorne Gestade

Mit leisem Schlag ein Lied – verlorner Liebe!

So fahre wohl, Venetia,
Es donnert das Signal!
Die Woge spricht vom Märchenglanz
Mir ach! zum letztenmal!
Hab' treuen Dank, Du Meeresfee,
Für Deine reiche Huld,
Und, daß ich nicht vergessen kann –
Es war nicht D e i n e Schuld.

Schwarzäugige Venetianerin,
Die in der Gondel liegt,
Indes das prächtige Gelock
Im Wellenwinde fliegt,
Es spielt Dein Finger in der Flut,
Dein Auge flammt mich an –

Und wenn ich hier nicht glücklich war,
Du bist nicht schuld daran.

Glorreiche Kunst, die, perlengleich,
Im Meeresschoß gereift,
Prachtvolle Schwermut, fahre wohl,
Die hier so üppig träuft!
Wie reizend bist Du, Stern der See!
Aus Norden weht es kalt!
Wer hier Vergessen nicht gelernt,
Der lernt es nicht so bald!

Conrad Ferdinand Meyer (* 11. Oktober 1925 in Zürich – † 28. November 1898 in Kilchberg bei Zürich), Sohn des Regierungsrates und Historikers Ferdinand Meyer und seiner Frau Elisabeth, verbrachte einen Teil seiner Jugend in Lausanne, wo den Heranwachsenden das französische Milieu für die romanische Kultur sensibilisierte, die stofflich und motivisch für sein Œuvre charakteristisch werden sollte. Mit 15 Jahren erlitt er durch den Tod des Vaters eine tief greifende Verlusterfahrung, die ihn in eine anhaltende Lebenskrise stürzte, so dass er mehrfach in Nervenheilanstalten behandelt werden musste. Schwere Depressionen erwuchsen auch aus der gestörten Beziehung zu seiner gemütskranken und unter religiöser Paranoia leidenden Mutter, die sich

1856 ertränkte. Nach dem Tod der Mutter, durch eine Erbschaft in finanziell gesicherten Verhältnissen lebend, führte Meyer seit 1857

ein gemeinsames Leben mit seiner künstlerisch begabten und karitativ engagierten Schwester Elisabeth, genannt „Betsy“. Sie ermöglichte ihm 1864 den ersten Schritt in die literarische Öffentlichkeit („Zwanzig Balladen von einem Schweizer“), fungierte als Agentin zwischen Autor und Verleger und war teilweise (bis 1879) als Mitautorin an Meyers Werken beteiligt. Mit Betsy unternahm Meyer von März bis Juni 1858 eine sein Leben und Werk zutiefst prägende Italienreise. Den Höhepunkt bildete ein Romaufenthalt, wo die Begegnung mit der Kunst der Antike und der Renaissance für Meyer zu einem Erweckungserlebnis wurde, das ihn als Dichter zukünftig prägte (und das wohl auch mit der Hoffnung auf eine persönliche ‚Wiedergeburt‘ nach psychischer Versehrtheit einherging). In Rom befasste sich Meyer mit Entwürfen zu seinem wohl berühmtesten Gedicht „Der römische Brunnen“, das erstmalig 1869 publiziert und nach einem jahrelangen Prozess akribischer Modellierungen an kleinsten sprachlichen Details erst 1882 in seiner endgültigen Version in der Sammlung „Gedichte“ erschien. Das Modell des Brunnens in diesem ‚Dinggedicht‘, dem Meyer die literaturwissenschaftliche Wertschätzung als eines Wegbereiters des Symbolismus zu verdanken hat, war vermutlich Giovanni Vasanzios „Fontana ovale“ in der Villa Borghese. Meyers künstlerische Originalität, die auch das Gedicht „Auf dem Canal grande“ bezeugt, wird deutlich geschmälert durch sein wahlloses Interesse an den unterschiedlichsten mythologischen und historischen Stoffen italienischer Kultur, die er zu Themen seiner Lyrik verarbeitete. Zu Recht kritisierte Hugo von Hofmannsthal scharf Meyers Eklektizismus, der das italienisch inspirierte Œuvre als inkohärent erscheinen lässt. 1869 zog Meyer mit seiner Schwester nach Küsnacht am Zürichsee. Von November 1871 bis März 1872 unternahmen die Geschwister erneut eine Reise nach Italien mit Stationen in Verona, Venedig und Bologna; die ursprünglich geplanten Reiseziele Rom und Neapel wurden nicht erreicht. Nach der Rückkehr in die Schweiz stellte sich für den 47-jährigen literarischer Erfolg mit dem Gedichtzyklus „Huttens letzte Tage“ ein. Die folgenden Jahre verbrachte Meyer unermüdlich literarisch produktiv vor allem als Novellist – auch in der

Bearbeitung italienischer Themen („Die Versuchung des Pescara", 1887; „Angela Borgia", 1891). 1875 heiratete er Luise Ziegler, Tochter des Zürcher Stadtpräsidenten, doch war die gesellschaftlich prestigeträchtige Verbindung getrübt durch das anhaltende symbiotische Verhältnis zwischen Meyer und Betsy. Der zusammen mit Jeremias Gotthelf und Gottfried Keller bedeutendste deutschsprachige Schweizer Dichter des Realismus erlag Ende der 1880er Jahre seiner schweren depressiven Erkrankung. Auch ein weiterer Aufenthalt in einer psychiatrischen Anstalt, wo „senile Melancholie" diagnostiziert wurde, konnte seine Leiden nicht lindern.

Auf dem Canal grande

Auf dem Canal grande betten
Tief sich ein die Abendschatten,
Hundert dunkle Gondeln gleiten
Als ein flüsterndes Geheimnis.

Aber zwischen zwei Palästen
Glüht herein die Abendsonne,
Flammend wirft sie einen grellen
Breiten Streifen auf die Gondeln.

In dem purpurroten Lichte
Laute Stimmen, hell Gelächter,
Überredende Gebärden
Und das frevle Spiel der Augen.

Eine kurze kleine Strecke
Treibt das Leben leidenschaftlich
Und erlischt im Schatten drüben
Als ein unverständlich Murmeln.

Der römische Brunnen

Aufsteigt der Strahl und fallend gießt
Er voll der Marmorschale Rund,
Die, sich verschleiernd, überfließt
In einer zweiten Schale Grund;
Die zweite gibt, sie wird zu reich,
Der dritten wallend ihre Flut,
Und jede nimmt und gibt zugleich
Und strömt und ruht …

Joseph Victor von Scheffel, geadelt 1876 (* 16. Februar 1826 in Karlsruhe – † 9. April 1886 ebd.), Sohn eines Majors und Oberbaurats, verbrachte seine Kindheit und Jugend in Karlsruhe, das Studium der Jurisprudenz absolvierte er zwischen 1843 und 1847 an den Universitäten Heidelberg, Berlin und München. Scheffel war Mitglied der Burschenschaft „Frankonia". In den

Unruhen der 48er-Revolution stand er anfangs dem Abgeordneten Carl Theodor Welcker als Sekretär zur Seite, schwenkte aber 1849 zu den Konstitutionellen um. Nach der Promotion arbeitete er bis 1851 als Rechtspraktikant in Säckingen und 1852 im Sekretariat des Hofgerichts in Bruchsal, gab jedoch die Beamtenlaufbahn auf, weil er sich seinen künstlerischen Neigungen widmen wollte. Scheffel hat insgesamt viermal Italien bereist. Die literarisch ergiebigste Italienreise dauerte vom Mai 1852 bis zum Mai 1853. Enttäuscht vom Scheitern der 48er-Revolution und obendrein seines

Juristenalltags am Bruchsaler Hofgericht überdrüssig, mutet Scheffels Flucht in den Süden wie ein Ausbruch aus der philiströsen Enge Deutschlands an. Wie Goethe wollte auch Scheffel das Malerhandwerk erlernen. Über Genua und Florenz fuhr er nach Rom; dessen Zauber schlug ihn trotz der „schmutzigen Straßen und des uncomfortablen Aeußeren" in Bann. Er schloss sich den deutschen Malern an und nahm selbst im Malen und Zeichnen Unterricht. Begeistert berichtete er den Eltern und den Heidelberger Freunden (in den lesenswerten „Römischen Episteln") von den „deutschen Abenden zu Albano", vom „vergnüglichen Zechen" und vom lautstarken Absingen deutscher Volkslieder. Die Maler zogen von Osteria zu Osteria, „eyn scharfes Trinken" bildete fast immer Auftakt und Abschluss der geselligen Aktivitäten. Die anfangs gerühmte Geschichtsmonumentalität des alten Rom enthüllte sich bald als übermächtige Belastung, das imaginäre Historienmuseum wurde zum monströsen „Gräberfrieden". Die „Masse von alter und mittelalterlicher Kunst" habe „fast etwas erdrückendes", schrieb er dem Vater; „die Besichtigung der unendlich vielen antiquitas" – so in burschikosen Ton an die Heidelberger Freunde – mache den Menschen „müde als wie eyn Lasttier". Über Italien sei „alles schon so ausgeschaut, ausgeschrieben, ausbewundert", klagte der von melancholischen Anwandlungen erfasste Dichter. Hier äußerte sich ein „Geschichtsüberdruß", der nicht untypisch für die zweite Jahrhunderthälfte war – als Gegen bewegung zum Historismus. Nach der „römischen Grabeinsamkeit" empfand er Neapel wie eine Befreiung. Wie Goethe erkannte auch Scheffel die Grenzen seiner malerischen Befähigung; dagegen fühlte er sich zum Schriftsteller berufen. Auf Capri übrigens, wo Scheffel mit dem Dichterfreund Paul Heyse ein „insulanisches Stilleben" führte, entstand innerhalb von sieben Wochen das Werk, das seinen späteren Ruhm begründet hat, „Der Trompeter von Säckingen" (1854).

Aus den Vorbereitungen zu einer Habilitation erwuchs sein zweiter großer Erfolg, der historische Roman „Ekkehard. Eine Geschichte aus dem zehnten Jahrhundert" (1855/57). Nach einem

Münchenaufenthalt war Scheffel seit 1857 Hofbibliothekar in Donaueschingen, wo er die fürstliche Hofbibliothek katalogisierte; seit 1859 lebte er in Karlsruhe. Seine 1864 geschlossene Ehe mit Caroline von Malsen wurde nach zwei Jahren geschieden. Im deutsch-französischen Krieg gehörte er nicht zu den Hurra-Patrioten, sondern wirkte an der Errichtung von Notlagern für die Verletzten mit. 1872 erwarb er bei Radolfzell am Bodensee das Gut „Seehalde". 1876 wurde ihm der persönliche Adelstitels verliehen. Besondere Popularität errangen zahlreiche seiner studentischen Lieder („Alt-Heidelberg, du feine"; „Wohlauf, die Luft geht frisch und rein"; „Als die Römer frech geworden") aus der Sammlung „Gaudeamus. Lieder aus dem Engeren und Weiteren" (1868), die allerdings ein falsches Bild des depressiv und melancholisch veranlagten Autors vermitteln. Scheffel war während des Kaiserreichs und der Weimarer Republik einer der populärsten und am meisten verkauften Autoren, obwohl ihm die Literaturkritik nicht günstig gesonnen war.

Durst in Venedig

Venedig ist eine schöne Stadt,
Doch im Sommer ist sie zu heiße;
Was frommt mich der feurigste Zyperwein,
Wenn das Herz sich sehnet nach Eise?

Was frommt mich mein prunkender Marmorsaal
Im verlotterten, alten Palazzo?
Tret' ich hinaus auf den hohen Balkon,
Schlimm duftet der Canalazzo.

Die braune Cecccha streckt sich und gähnt,
Zum Haß wie zur Liebe zu faule,
Und selbst Sankt Markus' ehernem Leu
Hängt die Zunge schlaff aus dem Maule.

Wie traurig, wenn ein Gerechter muß
An verhaltenem Durste leiden!
O, könnt' ich über die Alpen zur Stund'
Auf geflügelter Schildkröte reiten!

Weit über die Alpen in kälteres Land,
An des Neckars wald'ge Reviere,
Nach Heidelberg, nach Heidelberg,
Der Heimat kühlender Biere.

Den Meister Ludwig klopft' ich heraus,
Wie einstmals in besseren Tagen.
Er müßt' mein verkalkendes Duldergebein
Empor zur Molkenkur tragen.

Zur Molkenkur, zum großen Faß,
Zum Falkner … è tutto lo stesso,
Temo, che divenga di questo calor
Tutt' il mio esser perplesso!

Fontana Trevi

O Zeit der römischen Wonnen …
Die Mainacht wehte mild,
Hell plätscherte der Bronnen,
Der allen Durst gestillt.

Und seit in jener Stunde
Sein Labtrank mich erquickt,
Hält mich im Herzensgrunde
Ein Zauber süß umstrickt.

Ein Urbild ew'ger Schöne
Schwebt lockend um mich her,
Ich bannt' es gern in Töne,
Es glückt mir nimmermehr.

Und doch kann ich's nicht lassen,
Ob auch das Haupt mir glüht –
Ich summ' durch alle Gassen
Ein unverstanden Lied.

O Braut meiner Seele, Italia,
Wie schlimm ist mir's ergangen,
Seit mich, den wonnetrunknen Mann,
Dein liebender Arm umfangen!

Der Zauber – tot, zertreten, zerstampft,
Im Nebel erstorben die Lieder …
Der Bierkrug schäumt, die Pfeife dampft,
Altdeutschland hat mich wieder!

Heinrich Leuthold (* 5. August 1827 in Wetzikon, Kt. Zürich – † 1. Juli 1879 in Burghölzli bei Zürich) wuchs in einer kleinbürgerlichen, zerrütteten Familie auf: der Vater war trunksüchtig, die Mutter galt als triebhaft und unbeherrscht, ein Bruder endete durch Selbstmord. Trotz dieser schweren Kindheits- und Jugendjahre gelang es dem jungen Mann als „pauper" und Stipendiat, sich in der Jurisprudenz an den Universitäten Zürich, Bern und Basel zu immatrikulieren. Dort hörte Leuthold, der sich schon früh eine Gegenwelt zu den Widerwärtigkeiten der Armut und der emotionalen Verrohung durch Poesie aufgebaut hatte, auch philologische und philosophische Vorlesungen und fand in seinem

Lehrer Jacob Burckhardt einen Berater, dem er vorbehaltlos vertraute. Auch eine Reihe unglücklicher Liebesverhältnisse, vor allem zu der von ihrem vermögenden Ehemann getrennt lebenden Lina Truford-Schultheß, machte Leuthold das Leben schwer. Doch wurde aus der amour fou gleichzeitig eine willkommene Chance, die leidig gewordenen Rechtswissenschaften zu quittieren, als Lina ihm 1848 anbot, ihren Sohn als Erzieher (und sie als Liebhaber) auf Reisen in die französische Schweiz, nach Südfrankreich und nach Italien zu begleiten. Die folgenden Aufenthalte zwischen 1850 und 1857 wurden zu künstlerisch richtungsweisenden Bildungserlebnissen für Leuthold, der sich zu einem versierten Kenner und einfühlsamen Übersetzer der neueren französischen und italienischen Literatur entwickelte. Die „Lieder von der Riviera“ (1857), wenngleich wenig originell von Sonne, Meer und Olivenhainen singend, sind stimmungs- und erlebnislyrische Impressionen, die von einem labilen Glücksgefühl gespeist werden und den fragilen psychischen Zustand ihres Verfassers offenbaren. Der Alltag im sonnigen Süden gestaltete sich für Leuthold unerträglich, da sich Linas Ehemann häufig zu den verliebten Reisenden gesellte. 1857 kehrte Leuthold bedrückt in die Schweiz zurück, wo ihm Burckhardt anriet, sein Glück in München im illustren Dichterkreis der „Krokodile“ zu suchen. Dort erwarteten den „unbehülflichen Naturmenschen“ das autoritäre und selbstherrliche Regiment Geibels, die im Künstleragon unvermeidlichen Kabalen und Intrigen und die Bedrängnisse materieller Bedürftigkeit. Auch die Anstellungen als Redakteur bei verschiedenen Zeitungen in Frankfurt und Stuttgart brachten keine Beruhigung in sein aufgewühltes und entbehrungsreiches Leben. Als Leuthold 1865, moralisch verwildert und fast immer betrunken, nach München zurückkehrte, nahm sich seiner die nicht nur attraktive sondern auch großherzige, sich „Baronesse“ nennende Alexandra („Alexandrine“) von Hedemann an – eine Frau mit Vergangenheit und mit einer glänzenden Zukunft – war sie doch zum Zeitpunkt der Begegnung die großzügig versorgte Mätresse des Fürsten zu Hohenlohe-Schillingsfürst. Als Gönnerin, Muse und Geliebte wurde Alexandrine zu einem letzten Lichtstrahl in der rapide zunehmenden Dunkelheit von Leutholds Dasein. Tuberkulose, Alkoholismus, syphilitische Infizierung mit einer progressiven Paranoia führten 1877 zu einer Dauerinternierung in einer Irrenanstalt bis zu seinem Tode. Kurz vor Leutholds sich zwischen Rasereien und Zwangsjacken abspielendem Lebensende gaben Gottfried Keller und Jacob Bächtold die Sammlung „Gedichte" (1879) heraus; eine kritische Ausgabe besorgte der Schweizer Germanist Gottfried Bohnenblust 1914 (Gesammelte Dichtungen, 3 Bde.).

Auf eine Italienerin

Nach dem Takte fremder Lieder
Schwebst du lieblich hin im Tanz;
Dieses Ebenmaß der Glieder
Fesselt meine Sinne ganz.

Diese Locken, diese dunkeln,
Dieser Glieder stramme Kraft
Und im Auge dieses Funkeln
Einer trunknen Leidenschaft.

Aber Maß und Anmut zügeln
Die Begier; sie schweigt besiegt,
Wo die Schönheit sich auf Flügeln
Ihres eignen Wohllauts wiegt.

Sorrent

Die Stadt, im Freudentaumel wie verloren,
Mich drängts, daß ich um deinen Reiz sie meide,
Du schön Sorrent, das trotz dem Blütenkleide
Oft ernste Bilder mir heraufbeschworen!

Sorrent, das seinen Tasso einst geboren,
Dess' Lorbeer troff von unermeßnem Leide,
Das sich, dem Pöbel weichend und dem Neide,
Ein deutscher Pindar zum Asyl erkoren.

Hier lehrt mich das Gedächtnis solcher Dichter,
Daß, wie das Leben auch uns mag umnachten,
Ein stolz Bewußtsein bleibt der beste Richter.

Hier lern ich endlich nach dem Höchsten trachten
Und Lüge, Neid und niederes Gelichter
Und selbst die Schläge des Geschicks verachten.

Paul Johann Ludwig Heyse (* 15. März 1830 in Berlin – † 2. April 1914 in München) wurde als zweiter Sohn des Altphilologen und Sprachforschers Karl Wilhelm Ludwig Heyse in ein begütertes und kultiviertes großbürgerliches Milieu hineingeboren. Man schätzte Musik, Literatur, Kunst und die klassisch-humanistische Bildung, die der heranwachsende Heyse genoss, war eine Selbstverständlichkeit in dem liberalen und aufgeklärten Elternhaus. Das Studium der klassischen Philologie, Kunstgeschichte und der romanischen Philologie, die er in Bonn bei Friedrich Diez mit einer Dissertation über die Poesie der Troubadours abschloss, bescherte Heyse ein Stipendium des preußischen Staates zur Erforschung

von Handschriften mit Texten der Romania, so dass er 1852 gemeinsam mit dem Freund Otto Ribbeck nach Italien aufbrach –

allerdings erhielt er in Rom wegen Spionageverdachts Hausverbot in der Bibliothek des Vatikans, so dass das Forschungsprojekt aufgegeben werden musste. Die große Tour mit den für deutsche kulturbegeisterte Italienreisende im 19. Jahrhundert typischen Stationen, sei es im kunstprächtigen Florenz oder im lebenslustigen Neapel, hatte den größten Einfluss auf Heyses dichterische Berufung. Er trat weit nach dem ‚Ende einer Kunstperiode' das Erbe der Renaissance und der Klassik an, indem er sein künstlerisches Profil an einem mehr und mehr sich verflüchtigenden humanistisch und idealistisch geprägten Italienbild schärfte. Nach der Rückkehr aus Italien folgte der gebürtige Berliner, wie schon andere „Nordlichter" vor ihm, 1854 dem Ruf des bayerischen Königs, der in der Residenzstadt ein Zentrum des künstlerischen Lebens etablierte. In königlichen Gemächern und geselligen literarischen Klubs („Das Krokodil") begann Heyses literarische und kulturpolitische Karriere, die schon von den Zeitgenossen an Goethes Prestige und privilegierter Stellung in Weimar gemessen wurde. Heyse, der scheinbar mühelos zum Hofpoeten und Fürstenberater aufstieg und ein finanziell gesichertes Leben im Dienste der Kunst genoss, widerstand 1859 dem verlockenden Sirenengesang des Großherzogs Carl Alexander von Sachsen-Weimar-Eisenach, der ihn zur Übersiedelung nach Thüringen bewegen wollte – eine sympathische Probe der Klarsicht des epigonalen Literaturbetriebes und der kritischen Selbsteinschätzung Heyses, der sich nicht als Blaupause zu Zwecken der fürstlichen Repräsentation instrumentalisieren ließ.

Heyse war ein außerordentlich produktiver, phantasiereicher und formgewandter Schriftsteller (im Übrigen war er auch ein sehr begabter Zeichner), den sein Publikum liebte. Vor allem aber war Heyse ein Meister der Novelle; ca. 150 Erzählungen, deren Sammlungen von 1855 bis 1914 unter verschiedenen Titeln erschienen, in alle europäischen Sprachen und ins Esperanto übersetzt und auch in Amerika viel gelesen wurden. Besonders die italienische Landschaft und Kultur inspirierten Heyse zu seinen Erzählungen. Italien war für den Dichter nicht nur ein literarisch fruchtbarer Topos, sondern wurde zu seiner Wahlheimat. Im Alter verbrachte er meist die Winter auf Capri, in Sorrent oder auf seinem Landsitz Villa Itolanda in Gardone am Gardasee („Novellen vom Gardasee", 1902). Durch die umfangreiche Übersetzertätigkeit Heyses wurde die damalige neuere Literatur Italiens auch dem deutschen Publikum zugänglich. Ebenso bedeutend wie als Erzähler und Übersetzer war Heyse als Lyriker („Lieder aus Sorrent", 1852/53; „Skizzenbuch. Lieder und Bilder", 1877; „Verse aus Italien", 1880; „Ein Wintertagebuch", 1903). Mit der Produktion von über 60 Dramen war er fleißig, aber weniger erfolgreich – bis auf „Colberg" (1865; erschien bis 1914 in 180 Auflagen). Das populäre Stück gehörte zum festen Repertoire der Schulfeiern an Kaisers Geburtstag oder am Sedantag und wurde 1943/44 – ohne Nennung des ‚halbjüdischen' Verfassers – von Veit Harlan zu einem der erfolgreichsten nationalsozialistischen Propagandafilme entstellt.

Trotz Publikumserfolge und vieler Ehrungen (er erhielt 1910 als erster deutscher Dichter den Nobelpreis für Literatur), geriet Paul Heyse nach seinem Tod 1914 schnell in Vergessenheit. Als nach dem Ersten Weltkrieg das bürgerliche Zeitalter versank, wurden auch ihre ästhetischen Maßstäbe wie Eleganz, Esprit, Raffinesse und Stilsicherheit einem Paradigmenwechsel unterzogen.

Sündenregister

Stets nahm ich dich in Schutz und bliebe
Dein Anwalt gegen eine Welt,
Du Volk Italiens, das ich liebe,
So manches mir an dir mißfällt.

Doch unter uns und ohne Zeugen
Nehm' ich ein Blatt nicht vor den Mund
Und kann als Freund dir nicht verschweigen:
Sie tadeln dich nicht ohne Grund.

Das süße Nichtstun – deinen Kindern
Verwehrt's die liebe Sonne nicht,
Und fremde Reisende zu plündern,
Scheint jedem Gastwirt Ehrenpflicht.

Man schilt auch, daß du ohn' Erröten
In schmutz'gen Mauerhöhlen wohnst,
Die kleinen Vögel liebst zu töten,
Jedoch das Ungeziefer schonst;

Und daß man selbst den Angestellten
Vergolden mag die hohle Hand –
Nun, dies und andres noch, nicht selten
Trifft man's wohl auch in anderm Land.

Doch Schlimmres noch: Brigantenhorden
In deiner Berge wildem Schoß,
Vendetta, die, zur Pflicht geworden,
Geschlechter mordet gnadelos,

Der Wälder gräuliche Verwüstung,
Camorra, die das Ärgste wagt,
Und wes in sittlicher Entrüstung
Dich gutes Volk man sonst verklagt:

Das alles dünkt dir sehr verzeihlich,
Was Hohn Europens Sitte spricht,
Nur eine seltne Tugend freilich
Macht Vieles gut: du heuchelst nicht.

Auch ich, so sehr ich dir gewogen,
Bin nicht für deine Fehler blind.
Ich weiß, du wurdest schlecht erzogen,
So bliebst du stets ein großes Kind.

Unarten, die in deinem Blute
Verderblich nisteten bis heut,
Sie wurden nicht mit scharfer Rute
Von deinen Zwingherrn ausgebläut.

Sie knechteten dich manch Jahrhundert,
Mit schlauer Priesterschaft im Bund,
Daß billig eins nur uns verwundert,
Wie unverwüstlich du gesund.

Gewiß, dir wäre hoch vonnöten
Ein deutscher Unteroffizier,
Würd' auch sein Drill so manches töten,
Was liebenswürdig ist an dir.

Doch da man endlich aus Ruinen
Verjährten Wust beiseite räumt,
So malerisch er lang erschienen,
So wundersam man drin geträumt;

Da selbst in Roms verfallne Gassen
Dem Licht man einen Weg gebahnt,
Ob auch erhabne Trümmermassen
An ferne große Zeit gemahnt,

So wünsch' ich, daß du, neu erstanden
Aus langem Schlummer, dich befreist
Von den jahrtausendalten Banden,
Die dir umschnürten Seel' und Geist;

Daß du, was nie zuvor du lerntest,
Dich selber nimmst in strenge Zucht
Und vollgereift nun endlich erntest
All deiner edlen Gaben Frucht.

Dann wirst du deine Rache nehmen
Und, die dich höhnten dünkelhaft
Als „Land der Toten“, stolz beschämen
Durch Taten freud'ger Lebenskraft.

Robert Hamerling, eigentlich Rupert Johann Hammerling (* 24. März 1830 in Kirchberg am Walde – † 13. Juli 1889 in Graz), wurde als Sohn eines Webers in Niederösterreich geboren. Durch Stipendien war es ihm möglich das Untergymnasium des Stifts Zwettl und ab 1844 das Schottengymnasium in Wien zu besuchen, wo er sich ab 1848 dem Studium der Philosophie und Philologie widmete. Er wurde Lehrer in Wien, Graz und ab 1854 in Triest. Dort wirkte er gleichzeitig als Theaterrezensent bei der „Triester Zeitung“ und veröffentlichte Gedichte in diversen Zeitschriften. Nach einem halbjährigen Aufenthalt in Venedig erschienen als direkte Ausbeute dieser Italienerfahrung die Gedichtsammlung „Ein Sangesgruß vom Strande der Adria“ (1857) und später die lyrisch-epische Dichtung „Venus im Exil“ (1858). Hamerlings Italiengedichte ziehen den Leser durch die Darstellung der zauberhaften italienischen Landschaft in ihren Bann. Liebeslyrische und märchenhafte Elemente sind dabei Ausdruck einer mystifizierten Begegnung mit einer spukhaften italienischen Zauberwelt. Seine deutsch-nationale Geisteshaltung und die Befürwortung der deutschen Einigungsbewegung kamen erstmals in dem in der Nibelungenstrophe gehaltenem „Schwanenlied der Romantik“ (1862) und in dem Poem „Germanenzug“ (1864) zum Ausdruck. Weitere Werke waren unter

anderem das Epos „Der König von Sion“ (1869), das Festspiel „Teut“ (1872) und die Dichtung „Amor und Psyche“ (1882). Aufgrund einer Darmtuberkulose musste sich Hamerling 1866 zur Ruhe setzen und zog nach Graz, wo er im Alter von 59 Jahren verstarb.

Und gönnt es mir, zu weilen hier im schönen Land
Italia, zu wandeln am Südmeerstrand
Und holden Trost zu suchen für meines Herzens Glut,
Hier, wo hellenscher Schöne Widerschein auf Trümmern ruht!

Nirgend blaut des Äthers Bronnen so schimmernd; so hehr
Spült an Blütenufer nirgend das liebliche Meer;
Nirgend tönt die Lippe so hold, so zauberfroh
Blüht in Frauenbildern der Schönheit Adel nirgendwo!

Die Städte reih'n wie Perlen sich auf prangender Flur
Und heben in des Himmels glänzenden Azur
Edelstolze Zinnen: es schimmert Palast und Dom
Und spiegelt sich in Buchten, in grünen Seen, im Silberstrom!

Und von der Dome Wänden grüßen Bild an Bild
Olympische Gestalten mich als Heil'ge mild;
Darunter Venus-Madonna, wie unter Sternen der Mond,
Mit himmlisch-blauen Augen und süßen Locken, goldig blond!

Marmorbilder winken mir im Lorbeerhain,
Hohe Tempeltrümmer blinken im Abendschein,
Süß träumt sich auf gestürzten Säulen der Vorzeit Traum,
Wenn blühend drüber säuselt des Frühlings ewig junger Baum!

Daß dich der Himmel segne, schönes Blütenland!
Wahre der Vorzeit Abglanz, der, wie auf deinem Strand,
So auch auf deinen Liedern, auf deinen Bildern blüht,
So lang' dein Himmel blauet und deine Sonne golden glüht!

San Marco

Heil'ger Markus, segne gnädig
Diesen Schwarm von Tagedieben,
Arm und reich, beweibt und ledig,
Häßlich, schön, dumm, durchtrieben:
Alle, wie sie sich, dem Strome
Folgend, aus entfernten Ländern
Herbemüht, vor deinem Dome
Fleißig auf und ab zu schlendern.

Nachts auch wimmeln noch von Betern,
Welche deiner Ehre huld'gen,
Und von frommen Pflastertretern
Deine Steine, die geduld'gen.
Einsam andre Heil'ge harren,
Doch dir strömen zu die Wandrer:
Soviel Weise, soviel Narren
Sieht, wie du, bei sich kein andrer.

Ferdinand Ludwig Adam von Saar (* 30. September 1833 in Wien – † 24. Juli 1906 in Wien-Döbling) entstammte einer geadelten Beamtenfamilie. Der Vater verstarb wenige Monate nach der Geburt seines Sohnes. Trotz einer weitgehend unbeschwerten Kindheit als Abgott seiner Mutter zwangen dürftige Umstände den Sechzehnjährigen, den Waffenrock anzulegen. Nach Diensten an verschiedenen böhmischen und mährischen Garnisonen nahm von

Saar 1859 am italienischen Feldzug teil, ohne ins Feuer zu geraten. Dass er 1860 seine Entlassung aus der kaiserlichen Armee betrieb, um als freier Schriftsteller seinen Lebensunterhalt zu verdienen, war ein Hasardeurakt angesichts der kümmerlichen wirtschaftlichen Verhältnisse und der hohen Schulden aus der Militärzeit, obwohl von Saar weder als leichtsinnig noch als verschwendungssüchtig galt. Von Saar strebte zunächst eine Karriere als Bühnenautor, den niemand inszenieren wollte, an. Seine wirklichen Talente jedoch, wie ihm, mit aller Offenheit und Feinheit, seine spätere Förderin Fürstin Marie zu Hohenlohe-Schillingsfürst nahe legte, bestanden im Bereich der Erzählungen und der Lyrik. Die geschmackssichere Fürstin behielt Recht: Die erste Anerkennung einer breiteren Öffentlichkeit erfuhr von Saar durch die „Novellen aus Österreich“ (1877). Der ‚arme Poet‘ war bis in seine vierziger Lebensjahre immer wieder auf das Wohlwollen und auf die finanzielle Unterstützung großzügiger und kunstsinniger Mäzenatinnen aus Hochadel und der Hochfinanz angewiesen. Auch als Mentorin in künstlerischen Fragen vertraute von Saar einer Frau: Marie von Ebner-Eschenbach, die wie ihr Protegé und Ludwig Anzengruber zu den namhaftesten Vertretern des österreichischen bürgerlichen Realismus wurde. 1873 ermöglichte ein Künstlerstipendium von Saar die Erfüllung „seines“ Lebenstraumes. Nach der Rückkehr von einer nur fünf Wochen dauernden Reise über Venedig, Bologna, Florenz, Rom und Neapel nach Pompeji, im Eilverfahren quasi absolviert, gab er sich ausgeglichen, als „ein ganzer Mensch und ein ganzer Künstler“; eine Aussage, welche der typischen Matrix folgt, die das Italienerlebnis seit Goethes exemplarischer Italienreise kodiert. Diesen auflodernden Enthusiasmus

erstickten Schicksalsschläge wie der Suizid seiner Frau Melanie Lederer im Jahre 1884. Von Saar, dessen pessimistische Grundeinstellung langhaltig gespeist wurde durch Schopenhauers lebensfeindliche und fatalistische Philosophie und der in seinen Novellen individuelle Schicksale gestaltete, die in ihrer Verzweiflung und in ihrem Scheitern zu Seismographen des Zerfallsprozesses der Donaumonarchie wurden, beendete 1906 als 73jähriger, depressiver und körperlich schwer kranker Dichter, das Leben durch eigene Hand. Das lyrische Werk Ferdinand von Saars steht auch heute noch (bis auf die „Wiener Elegien", 1893) im Schatten seines erzählerischen Werkes. Seine italienischen Sonette, elegische Variationen eines morbiden Grundthemas, das von Schönheit, Sehnsucht und Verlust handelt, entstammen allgemein melancholischen Stimmungsbildern einer untergehenden Epoche.

Italien

Jetzt, da die Welt an des Jahrhunderts Wende,
Dem Erhabenen feind, sich gänzlich hingibt
Platter Gegenwart und Vergang'nes abweist
Schnöd mit Verachtung;

Jetzt, da der nord'sche Fyòrd des Südens Golfe
Aufwiegt – und selbst die Kunst nicht mehr in gläub'ger
Andacht hinstrebt zu den Gebilden deiner
Göttlichen Meister:

Jetzt, o Italien! faßt mich tiefe Sehnsucht
Nach dem sonnigen Adel deiner Landschaft,
Nach Zypressenwipfeln und nach umbüschtem
Blinkenden Marmor.

Wieder an meerbespülten Stufen möcht' ich,
Halbversunk'nes Venedig, landen – möcht' auf-
Schimmern seh'n im Strahle des Tags San Marco
Und die Salute.

Oder, Florenz, vor deinem Dome weilen,
Herz und Sinn mir erheben an der alten
Stadtpaläste Kraft – und im lichten Grabbau
Der Medicäer.

Einmal auch noch in Rom geweihte Trümmer
Mit ehrfürchtigem Pilgerfuß beschreiten,
Still Sankt Peters Kuppel bewundern und die
Weite Campagna!

Denn, o Italien, selbst ergriffen bist du
Schon vom Zuge der Zeit, und kaum noch schonst du
Um des Schaugelds klingenden Pfennig deine
Heiligsten Reste.

Felix Dahn (* 9. Februar 1834 in Hamburg – † 3. Januar 1912 in Breslau), Sohn des renommierten Bühnenkünstlers Friedrich Dahn und seiner Schauspielerkollegin und Gattin Konstanze Le Gay, studierte in München und Berlin Rechtswissenschaften und Philosophie und lehrte seit 1862 Deutsches Recht an den Universitäten in München, Würzburg, Königsberg und Breslau. Als Rechtsgelehrter verfasste Dahn eine Fülle juristischer Schriften, die rechtsphilosophische, rechtsgeschichtliche, völkerrechtliche, handelsrechtliche und privatrechtliche Themen behandeln. Schon früh galt Dahns Neigung den Geschichtswissenschaften. Seine umfangreichen Werke über die Geschichte der Spätantike (die Monographie „Prokopius von Cäsarea", 1865 gilt als Meilenstein für die moderne Prokop-Forschung) und die Zeit der Völkerwanderung (z. B. „Urgeschichte der germanischen und romanischen Völker, 1880–1889, 4 Bde.; „Die Könige der Germanen", 1861–1909, 11 Bde.) variieren monomanisch das Bild eines idealisierten Germanentums, das den Bedürfnissen der national-konservativen Atmosphäre der Gründerzeit entsprach. Ebenso umfangreich wie die historischen Werke – und thematisch kohärent – ist Dahns dichterisches Œuvre. Gedichte, Balladen, Novellen und Romane verfasste er auch gemeinsam mit seiner zweiten Frau Therese von Droste-Hülshoff, einer Nichte der berühmten westfälischen Dichterin. Auch Dahns Tätigkeiten als langjähriger Hausautor der „Gartenlaube", als Angehöriger des unter Emanuel Geibels Leitung stehenden „Münchener Dichterkreises" oder als Mitglied der von Moritz Saphir gegründeten Berliner literarischen Gesellschaft „Tunnel über der Spree" zeugen von seiner emsigen poetischen Produktivität.

Dahns erster historischer Roman „Ein Kampf um Rom" (1876, 4 Bde.), an dem er auch während eines Aufenthaltes in Ravenna arbeitete, wurde schon bald nach seinem Erscheinen besonders der männlichen Jugend anempfohlen. Diesem kritisch zu würdigenden Monumentalepos ist die noch heute anhaltende Popularität Dahns zu verdanken (Robert Siodmak verfilmte 1968 diesen sogenannten Professorenroman mit Orson Welles). Die ewige Stadt ist der Schauplatz für die Inszenierung einer rückwärtsgewandten Utopie spätromantischer Provenienz, die der (a)historischen Selbstvergewisserung des deutschen Kaiserreiches dient. Der Untergang des Ostgotenreiches wird vor diesem Hintergrund zwar einseitig, aber spannend als ‚clash of cultures' zwischen robust-edlen Germanen und listigen Römern und intriganten Byzantinern dargestellt. Die Typologisierung süd-östlicher Ethnien als sinister, übersättigt, dekadent und degeneriert manifestiert den chauvinistischen Anspruch auf die Homogenität eines ausschließlich deutschen Kulturraumes; Fiktionen, auf die die völkische und rassistische Propaganda des Nationalsozialismus zurückgreifen konnte. Die romantische und nationale Verklärung des Heidnisch-Germanischen und die explizit antiklerikalen und antiromanischen Ressentiments kennzeichnen auch Felix Dahns Italiendichtung.

Rom

Vom Monte Pincio sah ich auf die Stadt,
Die schimmernd vor mir lag im Mondesglanz:
Doch nicht allein die glänzenden Paläste,
Die Kirchen sah ich und die Säulenreih'n, –
Es stiegen aus den Gräbern vor mir auf
Die Toten, welche diese Straßen einst
Als Lebende mit Lust erfüllt und Leid. – –
  Die ersten Boote sah ich, drauf die Hirten
Den gelben Tiber abwärts ihre Rinder
Vom triftenreichen Umbrien zum Markt
Des kleinen Dorfs im Gau der Ramner brachten. –
  Dann sah ich Männer rauher Tugenden,
Des Pflugs nicht minder eifrig als des Schwerts,
Vom Rand des Abgrunds oft den jungen Staat
Abdrängen mit den angestemmten Schultern
Und ihn zum Herrn Italiens erheben.
  Schon bringen vom besiegten Afrika
Karthagos Göttersäulen die Trieren,
Schon schreiten unter goldner Ketten Last
Bei Tubaklang zum Kapitol hinan
Die unterjochten Kön'ge Asias
Vorauf des Triumphators goldnem Wagen.
Und ungeheure Laster thronen bald
Auf allen sieben Hügeln dieser Stadt:

Das Übermaß der Lust, der Pracht, der Macht
Bricht aus im Größenwahnsinn der Cäsaren.
Entkrönet wird nun Roma: nach Ravenna
Und nach Byzantium hinüber gleitet
Vom müden Scheitel ihr das Diadem. –
Im Adlerhelm, die Streitaxt in der Rechten,
Aufs Forum sprengt der blonde Alarich,
Und leise klinget im Sankt Peter schon
Der Hammerschlag, der bald ein neues Rom
Zur Weltherrschaft der Seelen auferbaut. –
Dann wirft in der Colonna stolzes Heim
Des Connétables Landsknecht seine Fackel:
Doch unvergänglich neben Jupiter
Wohnt und Apoll die holde Christengöttin,
Die jungfräuliche Mutter, und es strahlt
Durch ödes Dunkel drei Jahrhunderte
Der Schönheit lichte Himmelsherrlichkeit.
Roms einz'ger Schmuck und Trost, bis endlich sieghaft
Der neue Geist, der Geist des Vaterlands,
Des freien, einigen Italiens
Mit Trommelschlag und mit Kanonenschall
Durch Porta pia seinen Einzug hält. – –
So sah ich zweieinhalb Jahrtausende
Am Pincio vor mir vorüberziehn:
Doch nicht den Wehruf der Vergänglichkeit,
Wie andre wohl, vernahm daraus mein Ohr:
O nein: der Ewigkeit Trompetenruf,
Der Weltgeschichte Tubaton von Erz.
Was einmal Heldentum und Kunst erschuf, –
Und mag's in Trümmer der Barbar zerschlagen, –
Es war doch einst, war groß und schön und stolz:
Und ewig ist, was einmal ist gewesen,
Denn unvernichtbar bleibt es, daß es war! – – –

Christian Friedrich Wagner (* 5. August 1835 in Warmbronn (heute zu Leonberg) – † 15. Februar 1918 ebd.), Sohn des Schreiners und nebenberuflichen Bauern Gottlieb Wagner und seiner Frau Friederike, besuchte von 1841 bis 1848 die Schule in Warmbronn. Danach arbeitete er im elterlichen Betrieb und versuchte sich kurzzeitig im Flachsanbau. 1865 heiratete Wagner Anna Maria Glatzle aus Warmbronn. Von den vier Kindern aus dieser Ehe überlebte keines das Säuglingsalter. Nach dem Tod des Vaters (1866) übernahm er den bäuerlichen Betrieb. Das Gedichteschreiben, das er schon seit Kindheitstagen pflegte, betrieb er auch in den Pausen seiner Arbeit als Kleinbauer oder als Helfer beim Bau der benachbarten Eisenbahnlinie (1868/69). Nach dem Tod seiner Frau (1870) heiratete Wagner seine Cousine. Um seinen Lebensunterhalt zu bestreiten, musste sich Wagner zwischen 1871 und 1885 zusätzlich als Tagelöhner und Holzfäller verdingen. Wagners erste selbständige Veröffentlichung ausgewählter Texte war die Sammlung „Märchenerzähler, Bramine und Seher“ (1885), deren Herstellungskosten er selbst übernahm. Ohne buddhistische Schriften gelesen zu haben, verkündete er darin die Lehre von der „möglichsten Schonung alles Lebendigen“. Die Sammlung wurde ein unerwarteter Erfolg, eine erweiterte zweite und dritte Auflage erschien unter dem Titel „Sonntagsgänge“ (1887). Im Februar 1892 fiel seine seit 1887 kranke Frau in geistige Umnachtung und starb am 25. April. Abwechslung in den bäuerlichen, immer noch von Not geprägten Alltag brachten verschiedene Reisen (Sommer 1895 Vierwaldstättersee und Lago Maggiore; Ende März 1896 Oberitalien, Como, Mailand, Genua; Sommer 1896 München). Private

Unterstützung und die (seit 1910 in eine lebenslängliche Pension umgewandelten) Ehrengaben der Schillerstiftung ermöglichten Wagner die Rückzahlung seiner Schulden. Neben Vortragsreisen unternahm er im August 1904 eine vierwöchige Italienreise, die ihn nach Neapel, Capri, Pompeji, Rom und Florenz führte. Beruhigung kam in seine Finanzen, als er seit 1901 vom württembergischen Königshaus eine jährliche Pension von 400 Mark erhielt. Im Frühjahr 1909 lernte er Hermann Hesse kennen, der 1913 eine Auswahlausgabe von Wagners Gedichten veranstaltete und ihm dadurch – obwohl sie buchhändlerisch kein Erfolg wurde – zu überregionaler Bekanntheit verhalf. Im April 1911 unternahm er eine zweite große Italienreise, wiederum nach Rom und Neapel. Die während der Italienreisen entstandenen Gedichte publizierte Wagner unter dem Titel „Italien in Gesängen“ 1912 im Selbstverlag: sie fanden eine begeisterte Resonanz. Nach dem Ausbruch des Ersten Weltkriegs stand Wagner dem Hurra-Patriotismus ablehnend gegenüber und weigerte sich Kriegslyrik zu verfassen. Der im August 1915 zum Ehrenbürger Warmbronns ernannte Dichter starb am 11. Februar 1918.

Als Lyriker ist der Autodidakt Wagner ein Solitär. Wo er bildungsbürgerliche Themen wählt, bleibt auch seine Sprache dem epigonal anmutenden Klassizismus verhaftet. Wo es jedoch um Anschauung und die Bewältigung von Leiderfahrung geht, gewinnt seine Sprache körnige und kristalline Kraft, die sie weit über die glatte Goldschnittlyrik der Zeit hinaushebt. Vielen seiner Gedichte eignet eine „kühne und wunderbare Bildhaftigkeit“ (Theodor Heuss, 1943), eine zuweilen sperrige Verdichtung der Syntax und Wortfügung, eine Prägnanz und Originalität des Ausdrucks, die kaum einer seiner berühmteren Zeitgenossen erreicht hat. Diese Qualität haben auch die besten seiner auf den drei Italienreisen entstandenen Gedichte.

Capri

Sanft blaut das Meer in leichtem Wogenfluß,
Doch wir hinan auf steiler Zickzacksteige
Umhängt von Ginster und der Kaktusfeige,
Auf zu der Villa des Tiberius.

Uns opfern laß der Sonne Genius
Am Mithrastor, das uns der Klausner zeige,
Und jubelt nicht vom Salto eine Geige
Uns fernen Pilgern zu den Abschiedsgruß?

Und weithin, weithin, fernhin ein Geflimmer
Silberner Lichter auf der blauen Bahn,
Doch tönt nicht her ein klägliches Gewimmer

Erstorbner Stimmen auf von jenem Kahn?
Ist's aus der Grotte blauem Hinterzimmer
Noch ein verspätet Opfer des Sejan? –

Am Tiber

Aus kiesgefülltem Bette kommt der Tiber
Wie hitzverschlafen vom Gebirg herüber.

Und leerer Bäche steinerfüllte Rinnen
Ziehn zahllos nieder von den Apenninen.

Als hingewürgter Völker ries'ge Särge
So grollen nieder die Sabinerberge.

Nur hie und da an einer Felsenklippe
Ein ausgebrannt und abgewelkt Gestrüppe.

Hie silbergraue, großgehörnte Rinder,
Halbnackte, braune, schöne Hütekinder;

Dort von der Via Appia durchzogen
Aufragend fern der Aquädukte Bogen.

Die Weide ganz von Sonnenglut gerötet,
So liegt das Land verlassen und verödet. –

Martin Greif, eigentlich Friedrich Hermann Frey (* 18. Juni 1839 in Speyer – † 1. April 1911 in Kufstein), entstammte einer Beamtenfamilie aus der bayerischen Pfalz, wo er auch seine Kindheit verbrachte. 1856 zog die Familie nach München, wo Greif sein Abitur machte und später der Armee beitrat. Erste Gedichte, die zumeist von Patriotismus und Vaterlandsliebe geprägt waren, konnte er 1864 in der Sammlung „Frühlingsturmlieder" veröffentlichen. Nachdem er 1867 aus der Armee entlassen wurde, ließ er sich fortan in München als freier Schriftsteller nieder, blieb aber auf Distanz zum ansässigen Dichterkreis um Emanuel Geibel. Von der bayrischen Heimat aus unternahm er diverse Reisen nach England, in die Niederlande, nach Spanien, Dänemark und Italien. Durch die Vermittlung Eduard Mörikes publizierte Greif – von nun unter diesem Pseudonym – im Cotta Verlag „Gedichte" (1868). Er siedelte nach Wien um und konzentrierte sich vor allem auf das Dichten von Dramen. Zu diesen zählen Stücke wie „Corfiz Ulfeldt, der Reichshofmeister von Dänemark" (1873) oder „Nero" (1875), die sich beide mit der menschlichen Seite historischer Persönlichkeiten befassen. Mit dem Bühnenstück „Prinz Eugen" (1880) konnte er für

sich einen enormen Erfolg am Burgtheater verbuchen. Nach dem Fortgang des Direktors Heinrich Laube packte auch Greif seine Koffer und zog zurück nach München, um fortan Dramen für das bayerische Hof- und Nationaltheater zu schreiben (die Trilogie „Hohenstaufen", 1887–89; „Agnes Bernauer", 1894; „Ludwig der Bayer", 1891). In seiner späten Schaffensphase wandte Greif sich erneut der patriotischen Lyrik zu und verfasste zudem zahlreiche Auftragsdichtungen, Prologe und Festspiele.

In seiner Italiendichtung zeigt sich eine der von den Zeitgenossen kaum beachteten Stärken Greifs: seine Naturwahrnehmung. Einfache Reim- und Versformen und eine bewusst anspruchslose Sprache prägen die oft im volksliedhaften Tone gehaltenen Gedichte. Die Schilderung der italienischen Landschaften wird dabei oftmals von einer Atmosphäre der Traurigkeit, des Spukes und des Memento Mori beherrscht.

Sehnsucht nach Italien

Lange träumt' ich von dir, Italiens Himmel,
Ungestillt war die Sehnsucht mir geblieben.
Heute wandelnd am Rand der grünen Isar,
In des Frühlings erwachten Schmeichellüften,
Kahlen Bäumen vorbei und vollern Sträuchern,
Unter leuchtendem unbegrenztem Aether,
Heute sah ich erfüllt den Wunsch der Seele: –
Fern vom drückenden Grau ertrag'ner Wolken
Zog ich hin an des Liris Blumenborden
Und im Geiste genoß ich lang Geschautes.

Erinnerung an Italien

(Geleitsworte zu Schattenbildern)

Blickst du zurückgewandt in deinem Sehnen
Zu Fernen hin, die weites Blau verschließt,
Wohl mag im stillen Traum die Seele wähnen,
Weg sei der rauhe Nord, der uns verdrießt,
Du schautest weithin sich Gefilde dehnen,
Darauf die Rose auch im Winter sprießt
Und rings Gestalten hohen Wandels nahen,
Dich in dem Land der Schönheit zu empfahen.

Und doch, wie tief du auch den Zauber fühlest,
Er schwindet weg, ein täuschendes Gesicht,
Das du erwacht aus deinen Sinnen spülest:
Die Formen leben, doch sie währen nicht.
Sobald du dich bedenkend selbst erkühlest,
Siehst du dich hier in trübem Sonnenlicht:
Die Wunderwelt, die sich vor dir erschlossen,
Du ließest sie aus deinem Herzen sprossen.

Verwandt der Sehnsucht ist des Bildners Schaffen,
Nur daß beständig seine Träume sind.
Der Augenblick vermag's nicht hinzuraffen:
Geboren, doch nicht sterblich ist sein Kind.
So gold'ner Blume Kelch kann nicht erschlaffen,
Für Andre schuf er, würdest du auch blind;
Was ihn erfüllt mit der Begeistrung Schauer,
Dem gibt sein Stift bescheiden frohe Dauer.

Wie viel die Ferne rauben kann hienieden,
Erinnernd ruft die Kunst es dir zurück.
Du siehest nah' und doch von dir geschieden,
Was einstmals dort verwirrt den fremden Blick.

Vollkomm'ner noch in der Verklärung Frieden
Genießest du ein lang entschwund'nes Glück:
Des Lebens Drang umfließt gedämpfte Milde
Und Liebe selber naht im Schattenbilde.

Detlev (eigentlich Frederik Adolf Axel) Freiherr von Liliencron (* 3. Juni 1844 in Kiel – † 22. Juli 1909 Alt-Rahlstedt bei Hamburg), Sohn eines Zollverwalters und einer amerikanischen Generalstochter, wandte sich erst als Dreißigjähriger der schriftstellerischen Tätigkeit zu. Aus dem kleinadeligen Milieu stammend, wählte Liliencron seinen Künstlernamen „Detlev" in Erinnerung an einen Vorfahren, der in seinen Augen die preußische Adelskaste noch mit Standesstolz repräsentiert habe. ‚Noblesse oblige' war die Devise für den sich schon seit Kindertagen in ein schneidiges Offiziersdasein hineinträumenden Liliencron. So war es nur konsequent, dass er eine militärische Karriere in preußischen Diensten einschlug, im Preußisch-Österreichischen Krieg 1866 verletzt wurde, 1870 aus dem Deutsch-Französischen Krieg verwundet heimkehrte und 1871 mit dem Eisernen Kreuz II. Klasse dekoriert wurde. Die andere Seite der Medaille jedoch stellte Liliencrons kapriziöser Lebenswandel dar: Spielschulden, Frauengeschichten, die in mehrere Verlobungen und drei Ehen mündeten, Auswanderung nach Amerika (1875) mit Stationen in Philadelphia, Chicago, Texas und New York, wo er sich als Pferdezureiter, Sprach- und Klavierlehrer, Anstreicher und Kneipenpianist durchschlug, offenbaren eine exaltierte und abenteuernde Existenz, deren Erleb-

nisse und Erfahrungen Stoff genug für einen modernen Picaro-Roman geboten hätten und als symptomatisch für die Heraufkunft einer gesellschaftlichen Krise gelten können. 1877 kehrte Liliencron nach Deutschland zurück und verdingte sich als preußischer Verwaltungsbeamter, der, weiterhin chronisch klamm, ständig die Gläubiger auf den Fersen hatte. Erst als dem verarmten Freiherrn von Liliencron 1901 Kaiser Wilhelm II. mit einem gut dotierten Ehrengehalt großzügig unter die Arme griff, konnte er sich aus dem fatalen Sog der Schulden und Zwangsvollstreckungen befreien. Schlagartig berühmt wurde Liliencron durch die Gedichtsammlung „Adjutantenritte“ (1883), der „Der Haidegänger“ (1890), „Neue Gedichte“ (1893) und „Bunte Beute“ (1903) folgten. Seine ersten veröffentlichten Gedichte bewiesen bereits die souveräne Beherrschung diffiziler exotischer Vers- und Gedichtformen wie Triolette, Rondeau, Ritonell, Siziliane und Ghasel, wobei jedoch der glühende Verehrer von Kaiser und Vaterland bodenständige Sujets favorisierte. So mahnte z. B. seine ‚Italienlyrik‘ die nebelige Ostseeküste der italienischen Schwüle vorzuziehen. Liliencrons zeitgenössisches Publikum schätzte auch als besonders realistisch und kraftvoll die Kriegserzählungen „Unter flatternden Fahnen“ (1888) und „Kriegsnovellen“ (1893). 1909 zog sich Liliencron während eines Ausfluges zu den Schlachtfeldern des Krieges 1870/71 eine tödliche Lungenentzündung zu. Lebensgeschichtlich zwischen dünkelhaftem Junkertum und nonchalanter Bohème sich bewegend, literaturgeschichtlich zwischen Naturalismus und Expressionismus eingruppiert, ist Liliencron einer der bedeutenden Vertreter der Moderne, der Humor und Ironie in der Tradition Heinrich Heines fortführt und – beispielhaft für die literarisch ambitionierte Generation des ausgehenden 19. Jahrhunderts – Friedrich Nietzsches pessimistischer Kulturkritik nahe steht.

Italienische Nacht

I.
Weit weg, im südlichen Italien war es.
Du schautest vom Altane in den Garten
Auf weiterhellte, festbelebte Wege.
Dann hob dein Auge sich, und deine Seele
Verlor sich ins Geheimnis ferner Landschaft:
Im Meer des Mondenlichtes liegen still
Die weißen Schlösser, Schiffen gleich, vor Anker.
Es dunkeln, Inseln, die Zypressenhaine,
Wo Liebesworte und Gitarrenklang
Im gleichen Fall der Brunnen sich vermischen.
Wie lange willst du träumen, deutsche Frau,
Von glutdurchdrängter Nacht des Romeo?
Weckt dir Erinnerung nicht liebe Bilder
Aus unbarmherzig strenger Winternacht,
Die mit gesenktem Augenlid umdämmert
Die Hünengräber deines rauhen Strandes?

II.
Im Nebelnorden, an der Ostseeküste,
Abseits den Städten und den großen Straßen,
Schläft einsam und vergessen, halb verweht
Im Schnee, von harten Stürmen oft gezaust,
Ein kleines Gut. Zwei ungeschlachte Riesen,
Uralte Tannen, strecken ihre Arme
Wie Speere vor zum Schutz des Herrenhauses.
Unhörbar, drinnen auf dem dicken Teppich,
Geht eine junge Dame auf und nieder.
Bisweilen bleibt sie stehn, schraubt an der Lampe,
Schiebt auf dem Bechstein an das Notenpult
Die schweren Bronzekandelaber näher,
Zupft im Vorübergehen an der Decke
Des Sofatisches, horcht, und wandert, horcht,

Die grauen Augen auf die Tür gerichtet.
Bis endlich ihre schwere Stirn ein Schwarm
Von Sommervögeln lustig überflattert.
Nun wandert langsam auf dem warmen Teppich
Ein Pärchen, angeschmiedet, auf und nieder.
Behaglichkeit, das Kätzchen, schnurrt im Zimmer,
Indessen draußen in der Winternacht,
Ein Abglanz von den Schilden Schlachterschlagener,
Die fleißig in Walhall den Humpen schwingen,
Die blassen Strahlenbündel eines Nordlichts
Am strengen Himmel Odins sich ergießen.
Und auf der toten Haide bellt ein Fuchs.

Friedrich Wilhelm Nietzsche (* 15. Oktober 1844 in Röcken – † 25. August 1900 in Weimar), Sohn des pietistischen Pfarrers Carl Ludwig Nietzsche und dessen Frau Franziska geb. Oehler, zog nach dem Tod des Vaters 1849 mit seiner Mutter und seiner Schwester Elisabeth zu Familienangehörigen nach Naumburg. 1854 besuchte der Knabe das dortige Domgymnasium und legte an der Landesschule Pforta 1864 sein Abitur ab. Nach einem Semester an der theologischen Fakultät in Bonn wechselte er ins Studienfach der klassischen Philologie und setzte 1865 sein Studium in Leipzig fort, als sein Lehrer, der Altphilologe Friedrich Ritschl, dorthin berufen wurde. Durch den Orientalisten Hermann Brockhaus lernte Nietzsche 1868 Richard Wagner kennen, welchen er hoch verehrte. 1869 wurde er zum außerordentlichen

und 1870 zum ordentlichen Professor für klassische Philologie nach Basel berufen. Als 1870/1871 der Deutsch-Französische Krieg ausbrach, meldete er sich freiwillig als Sanitäter, wurde aber schon bald wegen einer Ruhrerkrankung aus dem Spitalzug entlassen. Ab 1873 verschlechterte sich Nietzsches Gesundheitszustand zunehmend: Anfälle von schweren Kopfschmerzen und ein Augenleiden bewirkten eine Beurlaubung von seiner Lehrtätigkeit. Gemeinsam mit der Schriftstellerin Malwida von Meysenbug und dem Philosophen Paul Rée verbrachte er die kommenden Jahre meist im süditalienischen Sorrent, wo es 1876 endgültig zum Bruch mit Wagner kam. Aufgrund der sich fortwährend verschlechternden Gesundheit erbat er 1879 die Entlassung aus dem Basler Amt. Ihm wurde eine sechsjährige Pension gewährt, die 1885 erneut verlängert wurde. Stets auf der Suche nach klimatischen Bedingungen, die seine körperlichen Gebrechen linderten, waren die Jahre von ständigen Ortswechseln geprägt: Den Winter verbrachte er meist in Italien, vor allem in Genua, Rapallo, dem italienischen Nizza, Turin, Venedig, Riva, Recoaro und Messina. Im Sommer hielt er sich ab 1881 bevorzugt ins Sils Maria, im schweizerischen Oberengadin, und bei seiner Mutter in Naumburg, in Basel, Genf und Berlin auf. Zusammen mit Rée besuchte er 1882 von Meysenbug in Rom, wo er und Rée sich in die russische Schriftstellerin Lou Salomé verliebten und ihr beide einen erfolglosen Heiratsantrag machten. 1889 wurde bei Nietzsche eine organische Hirnerkrankung diagnostiziert, deren Folge eine fortschreitende Zerstörung des Bewusstseins zeitigen würde. In Jena erfolgte die weitere Betreuung des Erkrankten durch seine Mutter und die psychiatrische Universitätsklinik. Ohne die mütterliche Erlaubnis gründete unterdessen Nietzsches Schwester ein Nietzsche-Archiv, ließ sich die Rechte an dem Nachlass des geistig umnachteten Bruders übertragen und verlegte das Archiv 1896 nach Weimar. Nach dem Tod der Mutter 1897 ließ sie Nietzsche selbst in das Archiv bringen, wo er bis zu seinem Tod dahinvegetierte.

Nietzsche war Philosoph, Philologe, Dichter und Komponist. Sein philosophisches Debüt, die 1872 erschienene „Geburt der Tragödie aus dem Geiste der Musik“, provozierte das gängige bildungsbürgerliche Verständnis der antiken griechischen Kultur. Als weitere bedeutende Werke sind „Menschliches, Allzumenschliches. Ein Buch für freie Geister“ (1878–1879), mit dem er sich vom Idealismus distanziert, „Die fröhliche Wissenschaft“ (1882, erweitert 1887), eine Kritik christlicher Moralvorstellungen und „Ecce Homo. Wie man wird, was man ist“ (1908) zu nennen. Nietzsches Hauptwerk, der vierteilige Band „Also sprach Zarathustra. Ein Werk für alle und keinen“ (1886–1887), behandelt u. a. die Theorie der „ewigen Wiederkunft des Gleichen“, den durchaus umstrittenen „Übermenschen“ und den „Willen zur Macht“.

Nietzsches Italiengedichte tragen sowohl impressionistische als auch symbolistische Züge und zeichnen sich durch intensive Farbbeschreibungen aus, voll atmosphärischer Dichte und suggestiver Kraft.

An der Brücke stand
jüngst ich in brauner Nacht.
Fernher kam Gesang;
goldener Tropfen quoll's
über die zitternde Fläche weg.
Gondeln, Lichter, Musik –
trunken schwamm's in die Dämmrung hinaus …

Meine Seele, ein Saitenspiel,
sang sich, unsichtbar berührt,
heimlich ein Gondellied dazu,
zitternd vor bunter Seligkeit.
– Hörte Jemand ihr zu?

„Mein Glück!“

Die Tauben von San Marco seh' ich wieder:
Still ist der Platz, Vormittag ruht darauf.

In sanfter Kühle schick' ich müssig Lieder
Gleich Taubenschwärmen in das Blau hinauf –
  Und locke sie zurück,
Noch einen Reim zu hängen in's Gefieder
  – mein Glück! Mein Glück!

Du stilles Himmels-Dach, blau-licht, von Seide,
Wie schwebst du schirmend ob des bunten Bau's,
Den ich – was sag ich? – liebe, fürchte, neide ...
Die Seele wahrlich tränk' ich gern ihm aus!
  Gäb' ich sie je zurück? –
Nein, still davon, du Augen-Wunderweide!
  – mein Glück! Mein Glück!

Du strenger Thurm, mit welchem Löwendrange
Stiegst du empor hier, siegreich, sonder Müh'!
Du überklingst den Platz mit tiefem Klange –:
Französisch, wärst du sein *accent aigu*?
  Blieb' ich gleich dir zurück,
Ich wüsste, aus welch seidenweichem Zwange ...
  – mein Glück! Mein Glück!

Fort, fort, Musik! Lass erst die Schatten dunkeln
Und wachsen bis zur braunen lauen Nacht!
Zum Tone ist's zu früh am Tag, noch funkeln
Die Gold-Zierathen nicht in Rosen-Pracht,
  Noch blieb viel Tag zurück,
Viel Tag für Dichten, Schleichen, Einsam-Munkeln
  – mein Glück! Mein Glück!

Prinz Emil von Schönaich-Carolath-Schilden (* 8. April 1852 in Breslau – † 30. April 1908 auf Schloss Haseldorf, Holstein) entstammte einer literarisch ambitionierten und interessierten Familie, in der man auch Kontakt zu Karl von Holtei pflegte. Die Ahnengalerie des „Dichterprinzen aus der Haseldorfer Marsch" blickte zurück auf eine 150 Jahre währende Tradition dichterischer Tätigkeit. Schon Freiherr Christoph Otto von Schönaich wurden für seinen Heldengesang „Hermann, oder: Das befreite Deutschland" (1752) von Johann Christoph Gottsched die Dichterlorbeeren verliehen (um ihn so gegen Friedrich Gottlieb Klopstock auszuspielen). Emils Mutter Emilie, geb. von Oppen-Schilde, eine literarisch gebildete Frau und Freundin des italienischen Freiheitskämpfers Giuseppe Garibaldi nahm den Knaben schon früh auf Reisen nach Italien mit. Während des deutsch-französischen Krieges 1870/71 studierte Carolath in Zürich Literatur- und Kunstgeschichte und trat danach als Leutnant in das elsässische Reiterregiment Colmar ein, wo er bis 1874 diente. Nach seinem Abschied vom Militär verbrachte er die meiste Zeit auf Reisen: er erkundete Nordafrika, Amerika, Griechenland und Italien. Durch seine Heirat mit Baronesse Katharina von Knorring wurde er als Gutsherr auf Schloss Haseldorf sesshaft (bekannte sich aber zu seinem Heimweh nach dem Süden). Auf Haseldorf wohnte auch als Gast des Prinzen monatelang Rainer Maria Rilke mit seiner bildhauernden Frau Clara Westhoff und schrieb von dort seinen berühmten Brief an Auguste Rodin – wobei der aus dem Elsass stammende Hausmeister bei der Übersetzung half. Der dichtende Gutsherr Carolath-Schönaich pflegte nicht nur Freundschaften und den künstlerischen

Austausch mit Persönlichkeiten wie Detlev von Liliencron, Otto Ernst, Gustav Falke und Richard Dehmel, sondern war auch sozial engagiert; so im Einsatz für einen humanen Strafvollzug, bei der Resozialisierung entlassener Gefangener und im Tierschutz („Der Heiland der Tiere“, 1896). Der gedankenreiche und formsichere Lyriker der Neoromantik mit weltschmerzlichem Grundtenor („Lieder an eine Verlorne“, 1878; „Dichtungen“, 1883; „Gedichte, 1903), der an Lord Byron, Heinrich Heine und Alfred de Musset gemessen wurde, verwandelt sich in seinen Novellen („Thauwasser“, 1881; „Bürgerlicher Tod“, 1894) in einen „christlichen Gerhart Hauptmann“ (Leo Berg). Auch mit seiner Italienlyrik, stilistisch sicher konstruierte Gedichte, deren Gemütsschwere ein lichtes Gottvertrauen mildert, bleibt Carolath immer ein Nachhall seiner Vorbilder.

Gruß an Venedig

Venedig ragt aus den Wogen,
Die bunte verträumte Stadt,
Von Taubenschwärmen umflogen,
Von Sonne, von Schönheit satt.

Die Wellen glitzern und schäumen,
Sie wandern und raunen weit
Das Lied von versunkenen Träumen,
Von Dogenherrlichkeit.

Eins ist dir treu geblieben,
Du Zauberin am Meer:
In dir wägt leicht das Lieben,
Fällt auch der Tod nicht schwer;

Dort, wo dich, glanzumsprühte,
In heißem Lenzgelüst

Ein Tag, der kaum verglühte,
Zu neuem Festtag küßt,

Wo weiße Paläste schwimmen
Auf Meeresmelodien,
Wo tausend Gitarrenstimmen
Frohlockend zum Himmel ziehn.

Isolde Maria Klara Kurz (* 21. Dezember 1853 in Stuttgart – † 6. April 1944 in Tübingen), Tochter des Schriftstellers und Bibliothekars Hermann Kurz und Marie geb. von Brunnow, erhielt Privatunterricht von der Mutter, in welchem die griechische Antike eine größere Rolle spielte als das Christentum. Frühzeitig erlernte sie Englisch, Französisch, Italienisch und Russisch, später auch Latein und Griechisch. Ihre Fremdsprachenkenntnis ermöglichte ihr die übersetzerische Mitwirkung an der vom Vater zusammen mit Paul Heyse herausgegebenen Anthologie „Novellenschatz des Auslandes“ (14 Bde., 1872–1874). Nachdem Hermann Kurz Unterbibliothekar in Tübingen wurde, besserte sich die angespannte finanzielle Situation der Familie. Nach dem Tod des Vaters im Jahr 1873 ging Isolde Kurz nach München zu ihrem Bruder Erwin und lebte von Übersetzungen und Sprachunterricht. Kurzzeitig war sie auch als Autorin bei der bekannten Zeitschrift „Die Gartenlaube“ tätig. 1877 zogen sie und die Familie nach Florenz zu ihrem Bruder Edgar, der dort als Arzt tätig war. In Florenz lernte sie zahlreiche deutsche Künstler und Wissen-

schaftler kennen, unter anderen Arnold Böcklin, Karl Stauffer-Bern, Adolf von Schack, Hans von Marées, Jacob Burckhardt und Karl Hillebrand. Seit 1905 lebte Isolde Kurz wechselweise in München und in Italien, wo sie in Forte dei Marmi ein Ferienhaus besaß. Nach dem Tod der Mutter im Jahre 1911 lebte sie mit ihrem Jugendfreund Ernst (von) Mohl, der lange Jahre in Russland verbracht hatte, von 1912 bis zu dessen Tod im Jahr 1929 in München – eine Heirat kam für sie nicht in Frage, weil sie als Hausfrau den Verlust ihrer geistigen Selbständigkeit fürchtete: „Kein anderes modernes Kulturvolk", hat sie kritisch vermerkt, „hat ein so niedriges, nur auf Unterdrückung der Persönlichkeit beruhendes Frauenideal geschaffen wie das deutsche." Mit dem Lebenspartner bereiste sie 1913 Griechenland und verfasste einen viel beachteten Reisebericht „Wandertage in Hellas" (1913). Nach Kriegsende bereiste sie wieder Italien, wandte sich jedoch immer mehr vom öffentlichen Literaturbetrieb ab. Ihr letztes größeres Werk war der Roman „Vanadis. Der Schicksalsweg einer Frau" (1931), der die ungleiche Stellung der Frauen in der zweiten Hälfte des 19. Jahrhunderts thematisiert und autobiographische Züge enthält. Obwohl sie mit den Nationalsozialisten das Interesse an nordischer Mythologie und Germanentum teilte, missfielen ihr deren Antisemitismus und Reglementierung der Meinungsfreiheit. Ihre letzte Erzählung, in der man Elemente literarischen Widerstands gegen das Regime erkennen kann, war die Novelle „Das Haus des Atreus" (1939). Nach der Zerbombung ihrer Münchner Wohnung zog sie zurück nach Tübingen, wo sie 1944 im Alter von 90 Jahren starb.

Die literarische Bedeutung von Isolde Kurz liegt weniger in ihrer teilweise konventionellen, an klassischen Formmustern orientierten Lyrik, die ihr ganzes Leben begleitet („Gedichte", 1880; „Singende Flamme", 1948), als vielmehr in ihren farbigen Erzählwerken, in denen sie die Tradition eines C. F. Meyer fortführte.

Italien

Hingestreckt zwischen beiden Meeren
Liegst du und träumst in Mittagsruh',
Götterliebling!
Und die Wellen singen ihr altes Lied,
Das weltenalte,
Von deiner Schöne, von deinem Ruhm.
Die fernsten Ufer hallen's zurück,
Doch von der seligen Stirne,
Die kein Leid gefurcht, die kein Gram gebeugt,
Ist der schwere Lorbeer gefallen.
Und die Hand, die herrliche Bildnerin,
Die die Kette gebrochen der langen Schmach,
Heut' liegt sie müde und feiert.
Will nicht mehr schaffen, will nicht mehr siegen,
Schelte sie keiner um ihre Ruh'!
Denn fernher kommen bezwungne Barbaren,
Zahlen willig der Ehrfurcht Zoll,
Und die Götter, die launisch grollten,
Haben der Freundin, der lange Verstoßnen,
Endlich heiteren Abend geschenkt.

Südliche Nacht

Dort schläft die Sonne; tief ist sie zur Ruh,
Und rings verstreut sind ihre Prachtgewande,
Die Venus steht an ihres Lagers Rande
Und zieht gemach den Purpurvorhang zu.

Ein Rabe saß im tiefsten Wald verbannt,
Jetzt fährt er auf und breitet sein Gefieder,
Er schüttelt sich und stäubt den Tau hernieder
Und wächst im Flug und hält die Welt umspannt.

Helläugige Freunde, ewig sichrer Chor,
Sie ziehen auf und wandeln mit den Horen,
Und hell, als würde dort ein Gott geboren,
Steigt überm Berg noch ein Planet empor.

Wie im Gebüsch das junge Mondlicht webt,
Und alles wird so fremd und heimlich eigen.
Hoch überm Lande steht ein Gott, das Schweigen,
Indes die Flur geheimer Sang durchschwebt.

Das ist die Nacht, die mit sich selber spricht!
Sie tönt von leisen, unbekannten Zungen.
Ihr fremdes Lied, für wen ist es gesungen,
Da sie der Seele nie ihr Schweigen bricht?

Ein fremdes Wunder geht die Schönheit um,
Es schwillt die Brust, sie tönend zu begleiten.
O griffe sie vertraut in meine Saiten!
Sie wandelt hin und bleibt mir fern und stumm.

Heinrich Vierordt (* 1. Oktober 1855 in Karlsruhe – † 17. Juni 1945 in Hornberg/Schwarzwald), heute vergessener Dichter und Schriftsteller, Enkel des Stifters des Vierordtbades, begann durch den Einfluss Joseph Victor von Scheffels, der in seinem Elternhaus verkehrte, sich der Poesie zuzuwenden („Gedichte“, 1879). 1878–1882 studierte Vierordt in Heidelberg, Leipzig und Berlin Geschichte, Philosophie und germanistische und romanische Philologie bei Lehrern wie dem Verfechter des Reformjudentums Ludwig Geiger und dem Antisemitismus propagierenden Historiker Heinrich von Treitschke – Gegensätze, die für eine intellektuelle Biographie im ausgehenden 19. Jahrhundert bei weitem keinen Widerspruch darstellten. Nach seiner Dissertation bei Karl Bartsch über „Die Einwirkung der altdeutschen Studien auf die Dichter des Göttinger Hainbundes“ in Heidelberg, wo er auch Freundschaft mit dem angehenden Dichter Ludwig Fulda schloss, begab sich Vierordt auf eine Nordreise – angeregt durch die Vorträge des Zoologen Alfred Brehm, beseelt von der nordischen Mythologie und erfüllt von schwärmerischer Verehrung für die Musik Richard Wagners. Nach seiner Rückkehr aus Skandinavien 1883 wurde eine von Vierordts Eltern angeregte, aber vom betroffenen Touristen wegen eingefleischter Vorurteile gegenüber Land und Leuten vehement abgelehnte Italienreise von Carl-Alexander von Sachsen-Weimar-Eisenach ausdrücklich unterstützt, der, eine fixe Idee verfolgend, damit eigene machtdynastische Interessen zu untermauern erhoffte: Vierordt solle in Piacenza nach einem Rechtsbrief oberitalienischer Städte fahnden, die Friedrich dem Gebissenen (Friedrich I., Markgraf von Meißen, 1257–1333) die Königswürde angeboten haben sollten. Vierordt reiste unwillig, der italienischen Sprache nicht mächtig, ab. Die Urkunde war unauffindbar. Aber Vierordts „nordische Barbaren“-Disposition verwandelte sich auf dieser Fahrt, die zu einer wirklichen Bildungsreise wurde, in eine kunstsinnige Fein- und Freigeist-Persönlichkeit („Das Buch meines Lebens“, 1925). Weitere Italienreisen (ebenso ausgedehnte Reisen nach Griechenland) erfolgten von da an fast jährlich, die ihn immer wieder nach Rom an seine Lieblingsorte, die Acqua acetosa, den Monte Testaccio und den Friedhof an der Cestiuspyramide führten. Der wertekonservative Vierordt, dessen Lyrik den Maßgaben klassischer Formschönheit und Reimreinheit in der Tradition Goethes und Platens folgt, ist einer der letzten, im 20. Jahrhundert der „Moderne“ trotzenden Repräsentanten einer Italiendichtung, die das Erbe des Weimarer

Dichterfürsten pflegen („Akanthusblätter. Dichtungen aus Italien und Griechenland“, 1888; „Fresken“, 1901).

Philister-Urteil

Rauchend in der deutschen Schenke,
Hinter ihrem kühlen Krug,
Sitzen abends die Philister,
Reden da gar viel und klug;
Wie im eig'nen Vaterlande
Alles nur zum besten sei –
Fabelhafte Riesenblüten
Treibt die Kannegießerei.

Schmäht jetzt einer auf Italien,
Gibt dem Biertisch einen Stoß:
Unerträglich sei die Ölkost
Und die Berge wälderlos,
Häßlich sei das Volk und träge,
Kaum zum Dienen eben recht,
Durch die schmutz'gen Gassen schleiche
Ein gesunkenes Geschlecht!

Plötzlich tritt ein holder Knabe,
Jener Sonnenheimat Kind,
Durch die Pforte zu den Männern,
Die für Formenschönheit blind;
Der, voll königlichen Anstands,
ist ein armer Junge bloß,
Bläulich schwarz sind seine Haare,
Seine Augen still und groß.

Wie er durch die Tabakswolken
Schwingenleichter Sohle geht,

Scheint's, als schwebe durch den glänzend
Weißen Nebel Ganymed.
Um die Brauen webt es träumend,
Ist es Heimweh? ist es Trotz?
Auf den Lippen spielt ein Lächeln,
Wie das Lächeln eines Gotts.

In dem blanken Weidenkorbe
Bringt des Südens dunkler Sohn
Gipsfiguren, Terrakotten,
Lampen aus gebranntem Ton;
Götter, Helden, Dichterbüsten
Stellt er, freundlich lachend, auf,
Bietet sie mit schlichten Worten,
Doch mit Anmut zum Verkauf.

Manche schauen nun mit Freuden
Und erstaunt den Knaben an,
Wählen wohl auch, ihm zuliebe,
Sich von den Gestalten dann.
Doch es schweigt beschämt der Spötter,
Der so streng ging ins Gericht –
Knöcherne Philisterherzen
Schön'rer Ahnung Strahl durchbricht.

Karl Rudolf Stauffer-Bern, eigentlich Stauffer, (* 2. September 1857 in Trubschachen/Oberes Emmental – † 24. Januar 1891 in Florenz) ist heute hauptsächlich durch sein Schaffen als Schweizer Maler, Radierer und Bildhauer im öffentlichen Gedächtnis geblieben. Als Erstgeborener des protestantischen Hilfsgeistlichen Eduard Stauffer und Luise Stauffer-Schärer war seine frühe Kindheit stark von den Depressionen und dem Selbstmordversuch des Vaters geprägt, der im August 1862 für zweieinhalb Jahre in eine Klinik eingeliefert wurde. Nachdem der künstlerisch durchaus begabte Knabe fortwährend den Unterricht störte, übergaben die Eltern Karl 1865 in die Obhut eines Lehrers nach Graffenried und logierten ihn 1866 im Berner Waisenhaus ein, in dem hauptsächlich Söhne außerstädtischer Landpfarrer und Bürger Obdach fanden. Erneut fiel es ihm schwer, sich in der von Einheitskleidung und militärischer Ordnung geprägten Institution unterzuordnen. Auch der Besuch des Gymnasiums erweckte bei ihm kein Interesse an Fächern wie lateinischer oder griechischer Grammatik, stattdessen zeichnete er weiterhin mit Leidenschaft. Als Stauffer-Bern 1873 das Gymnasium aufgrund mangelnder Leistungen verließ, begann er eine Ausbildung als Kunstmaler, die er jedoch vorzeitig abbrach, und schließlich im Winter 1875 sich mit Arbeiten als Kofferträger und Holzhacker am Leben halten musste. Nachdem er sich im folgenden Frühjahr als Kulissenmaler beim Königlichen Hoftheatermaler Quaglio verdient gemacht hatte, gelang es ihm zum Sommersemester 1876 das Berner Ochs-Stipendium zu erhalten, um ein Studium an der Münchner Akademie der bildenden Künste aufzunehmen. 1878 absolvierte er seinen Militärdienst in Thun. 1880 sah Stauffer-Bern sich gezwungen, das Studium frühzeitig abzubrechen, da das erwähnte Stipendium nicht verlängert wurde. Er zog nach Berlin, wo er nach anfänglichen Hürden ein gefragter Porträtist wurde. Bei einem Besuch in Zürich 1885 kam es zum Treffen mit seinem ehemaligen Schulkameraden Emil Welti, der mit Lydia Escher, der Tochter des Zürcher Politikers und Wirtschaftsführers Alfred Escher, verheiratet war. Diese lud – von Stauffer-Bern fasziniert – diesen zum Verbleib und Porträtieren ihrer Person ins Belvoir, dem herrschaftlichen Familiensitz bei Zü-

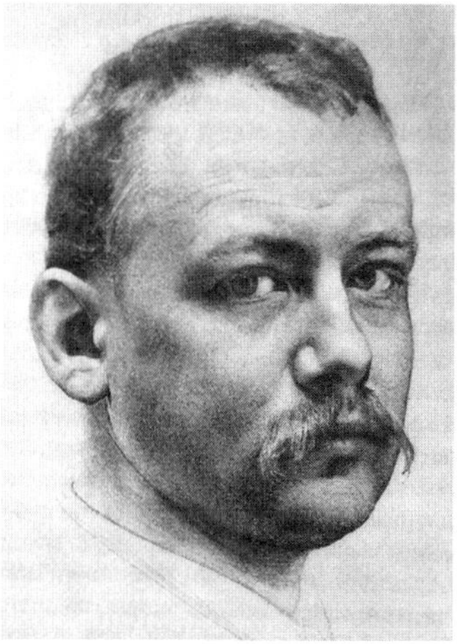

rich, ein. Trotz wachsender Popularität vermerkte der Maler einen Stillstand in dem Erlangen neuer künstlerischer Fähigkeiten, so dass er 1888 mit finanzieller Unterstützung der Familie Welti nach Rom reiste, um Bildhauer zu werden. Nachdem er ein Jahr später den Eheleuten Welti geholfen hatte, ihren Lebensmittelpunkt nach Florenz zu verlegen, kam es zum Eklat. Während der Abwesenheit des Ehemannes Emil Welti entbrannte zwischen Stauffer-Bern und Lydia eine heftige Liebesbeziehung. Ohne Geld und weitere Pläne flüchteten sie nach Rom. Doch der Einfluss der Familie Welti reichte weit, so dass der Schwiegervater die in der italienischen Hauptstadt ansässigen schweizerischen Gesandten zur Intervention anregen konnte. Man erklärte Lydia für geisteskrank und steckte sie in eine Irrenanstalt, während Stauffer-Bern erst wegen Diebstahls und Entführung, später wegen Vergewaltigung einer Irrsinnigen inhaftiert wurde. Erst im Januar 1890 entließ man ihn wieder gegen Kaution. Öffentlich ruiniert und von Lydia verlassen, versuchte der gedemütigte Künstler am 3. Juni desselben Jahres im Botanischen Garten zu Bern sich zu erschießen. Der Selbstmordversuch misslang, da er nur knapp das Herz verfehlte. Eine Woche später wurde Stauffer-Bern von allen Anklagepunkten freigesprochen. Er reiste zurück nach Florenz, wo der gebrochene Künstler am Abend des 23. Januar 1891 eine Überdosis ihm verschriebener Schmerztabletten einnahm, die zum Tod führte. Im Dezember setzte auch Lydia ihrem Leben ein Ende.

Bedeutsam für Stauffer-Berns Italienlyrik sind die geschilderten schicksalhaften Wendepunkte seiner Biografie: die Liebesbeziehung zu Lydia sowie Verhaftung und Gefangenschaft. So ironisiert er beispielsweise bereits im Titel des Gedichtes „Auf Königs Kosten via Rom – Florenz“ das klassische Bild der Italienerfahrung, da hier nicht von einer Bildungsreise, sondern vielmehr von einem Gefangenentransport die Rede ist.

Anzio

Ich zog ins Land der Pinien und Zypressen,
Wo Schönheit blüht in Kirchen und Palästen,
Die süße Traube hängt in Ulmenästen,
Ich bin am Meer, dem rauschenden, gesessen.

Doch deiner, Weib, dein konnt ich nicht vergessen.
Krank blieb mein Herz, nicht half der Rat der Besten,
Der Wurm saß sicher drin und schuf Gebresten,
Die mir das Herz, das mutige, zerfressen.

Nun bist du mein: dich will ich nimmer lassen!
Nicht für die Welt und allen eitlen Glimmer
Gäb ich dich hin! Du bist mein Weib auf immer.

Laß doch den Pöbel schwatzen auf den Gassen,
Uns winkt ein liebes Licht mit stillem Schimmer.
Mir dir im Arm bin ich ein starker Schwimmer.

Gerhart Johann Robert Hauptmann (* 15. November 1862 im schlesischen Obersalzbrunn – † 6. Juni 1946 in Agnetendorf/Niederschlesien), Sohn eines Hotelbesitzers, begab sich nach dem Besuch der Realschule in Breslau in die Lehre zum Landwirt, die er nach eineinhalb Jahren aufgrund eines chronischen Lungenleidens abbrechen musste. Ab 1880 besuchte er die Königliche Kunst- und Gewerbeschule in Breslau, wurde Bildhauer und verfasste erste Dramen. Finanziell von seiner Verlobten Marie Thienemann unterstützt schrieb er sich 1882 in Jena zum Studium der Philosophie und Literaturgeschichte ein, das er jedoch bald wieder abbrach. 1883 reiste er mit seinem Bruder Carl ans italienische Mittelmeer. Die Versuche, sich in Rom als Bildhauer niederzulassen und sich in die ortsansässige deutsche Künstlergruppe zu integrieren, misslangen jedoch. Zurück in deutschen Landen begann Hauptmann ein Zeichenstudium in Dresden, dann ein Geschichtsstudium in Berlin, das er ebenfalls vorzeitig beendete. Dort lernte er den Kreis um die Gebrüder Heinrich und Julius Hart kennen und befasste sich mit zeitgenössischer Literatur. Nach der Hochzeit zog das Ehepaar 1885 in die Villa Lassen nach Erkner. Vier Jahre später

kehrte die Familie nach Berlin zurück und Hauptmann nahm Kontakt zum naturalistischen Literaturverein „Durch" auf, dem Karl Bleibtreu und Wilhelm Bölsche angehörten. Die Veröffentlichung der novellistischen Studie „Bahnwärter Thiel" (1888) und verschiedener Dramen bedeuteten für Hauptmann den literarischen Durchbruch und rückten ihn ins Zentrum der naturalistischen Literatenszene. Die Aufführung des Theaterstückes „Die Weber" (1892) führte dazu, dass Hauptmann fortan von Sozialdemokraten verehrt wurde, während Kaiser Wilhelm II. seine Theaterloge kündigte. Nachdem die Komödie „Der Biberpelz" (1893) schlechte Kritiken erfuhr, wandte sich Hauptmann vom Naturalismus ab und widmete sich märchenhaften und religiösen Inhalten. Als seine Ehefrau 1893 als Reaktion auf eine Liebschaft mit der Schauspielerin Margarete Marschalk mit den Söhnen in die USA reiste, folgte Hauptmann zwar, doch die Ehe war nicht mehr zu retten. 1897 reiste er mit Margarete vier Monate durch Italien. In seinen Tagebuchaufzeichnungen „Italienische Reise 1897" (posthum 1976) schilderte er Impressionen der Stationen Venedig, Verona, Florenz, Rom und Sorrent. Durch den Titel stellte er sich dezidiert in Goethes Nachfolge und bekräftigte sein Selbstverständnis als deutscher Dichter. Nach der Scheidung von Marie 1904 heiratete Hauptmann Margarete, die mit ihm und dem gemeinsamen Sohn bereits seit drei Jahren das Haus Wiesenstein in Agnetendorf bewohnt hatte. 1911 kam es zur Uraufführung der Tragikomödie „Die Ratten“ in Berlin. 1912 zeichnete man ihn mit dem Nobelpreis für Literatur aus. Trotz pazifistischer Tendenzen in seinen Werken unterzeichnete Hauptmann zu Beginn des Ersten Weltkriegs das „Manifest der 93“ und solidarisierte sich im Namen der Kultur vorbehaltlos mit der deutschen Kriegsführung. Doch die Kriegsbegeisterung verebbte rasch und seit 1918 setzte er sich für eine deutsche Republik ein. Obwohl er international als Vertreter der deutschen Literatur bekannt war, ließ die Nachfrage nach seinen Büchern nach und er verdingte sich als Texter beim Stummfilm und fabrizierte Fortsetzungsromane, um den eigenen Lebensstandard zu sichern. In den Jahren 1925–31 verbrachte er das Frühjahr in Rapallo und Lugano. 1932 erhielt er den Goethe-Preis der Stadt Frankfurt am Main. Nach der Machtergreifung der Nationalsozialisten unterzeichnete Hauptmann im März 1933 die Loyalitätserklärung der Deutschen Akademie der Dichtung und beantragte die Mitgliedschaft in der NSDAP. Das Regime war gewillt eine Emigration des international angesehenen Schriftstellers zu verhindern, obwohl seine Werke mit nationalsozialistischer Ideologie nicht in Einklang zu bringen waren und mehrfach der Zensur zum Opfer fielen. Das Kriegsende erlebte Hauptmann in Haus Wiesenstein. 1944 erschien sein Alterswerk, der Dramen-Zyklus „Atriden-Tetralogie“. Als er sich 1945 der Behandlung einer schweren Lungenentzündung unterzog, wurde er Zeuge des Bombenangriffs auf Dresden. Nach Kriegsende wurde Agnetendorf polnisch. Nur sein Tod am 6. Juni 1946 verhinderte eine Ausweisung aus der geliebten Heimat. Beigesetzt wurde er – gegen seinen testamentarischen Willen – auf der Insel Hiddensee.

Gerhart Hauptmanns Italiengedichte bestechen durch sprachliche Variabilität und thematische Vielfalt. Als zentrales Motiv gilt die antike Götterwelt, die wie Geister oder Schatten den italienischen Ruinen und der Natur auf ewig innewohnt und die Landschaften beseelt. Hauptmanns Zugang zu dieser Welt unterliegt einer beständigen, vom Wandel der Geschichte unabhängigen Mensch-Natur-Erfahrung.

Zypressen

Zypressen, Zypressen bewohnen
mein Jugendparadies,
drin tote Götter thronen
und das mich längst verstieß.

Hat mir es vor der Sonne
ein Wölkchen nur verhüllt?
Heut scheint's, als ob der Bronne
des Lichts es überschwillt.

Und wirklich ist's gefunden,
der Garten steht erwacht:
Er rauscht versunkne Stunden,
und Ros' und Springquell lacht.

Tief in verwachsnen Gängen
hin schleich' ich, weltversteckt,
von Echogeisterklängen
betöret und geneckt.

Ach, lange möcht' ich steigen
durch Blumen, Lied und Hain,
und mehr noch: ruhn und schweigen
mit mir und Gott allein.

Villa Molfino, 2. März 1927.

Nur wenig Schritte

Nur wenig Schritte von der breiten Straße,
und es verstummt die Zeit, der du verbunden.
Du weißt nicht mehr von ihren, deinen Wunden –
nur wenig Schritte von der breiten Straße.

Nur wenig Schritte von der breiten Straße:
fünftausend Jahre sind wie nicht gewesen.
Du siehst den stillen Mann Oliven lesen
und hier und da ein einsam Echo wecken
bei einem andren, dessen Wanderstecken
ihm stützt die rauhen, schwielig-blauen Hände.

Die beiden trieben schon zur Zeit ihr Wesen,
eh Hannibal die Alpen überstiegen.
Sie trieben es schon vor den Perserkriegen …
nur wenig Schritte von der breiten Straße.

Santa Margherita, 3. März 1924.

Richard Fedor Leopold Dehmel (* 18. November 1863 in Wendisch-Hermsdorf im Spreewald – † 8. Februar 1920 in Blankenese bei Hamburg), Sohn eines Försters, besuchte die Stadtschule in Kremmen, seit 1873 das Sophien-Gymnasium in Berlin und legte 1882 das Abitur in Danzig ab. Danach studierte er Naturwissenschaften, Volkswirtschaft, Soziologie und Philosophie in Berlin und Leipzig, wo er 1887 zum Dr. rer. pol. promovierte. Zunächst war er als Sekretär beim Zentralverband der Deutschen Privaten Versicherungen in Berlin angestellt, gab jedoch diese Stellung 1893 auf und zog mit seiner Frau Paula geb. Oppenheimer (verh. 1889) nach Hamburg, wo auch sein Freund Detlev von Liliencron wohnte. Seit 1895 lebte er von seinen Einkünften als freier Schriftsteller. Bereits in seinem Erstling „Erlösungen. Eine Seelenwanderung in Gedichten und Sprüchen“ (1891) bildet die Liebe das Hauptthema, wie auch im zweiten Gedichtbuch „Aber die Liebe“ (1893). Die Darstellung der zwischengeschlechtlichen Liebe war auch Thema seines Gedichtbandes „Weib und Welt“ (1896). An dem darin enthaltenen Gedicht „Venus Consolatrix“ nahm Börries von Münchhausen Anstoß und zeigte Dehmel wegen Gotteslästerung an. Dehmel wurde in der Tat wegen Verletzung religiöser und sittlicher Gefühle verurteilt, das Gedicht musste eingeschwärzt werden. In Hamburg gründete er 1895 zusammen mit Otto Julius Bierbaum, Julius Meier-Graefe und Eberhard von Bodenhausen die Kunstzeitschrift „Pan“. Paradoxerweise führte die Kritik der George-Anhängerin Ida Auerbach (geb. Coblenz), in der Zeitschrift werde das Werk Georges ignoriert, zu einer gegenseitigen Annäherung, die schließlich in Dehmels Scheidung von seiner ersten Frau und 1899 in die Heirat mit Ida mündete. Der poetische Ertrag dieser Herzenswirren findet sich im leidenschaftlichen aber streng komponierten Versbuch „Zwei Menschen. Roman in Romanzen“ (1903). Ähnlich Stefan George, mit dem ihn herzliche Abneigung verband, stilisierte auch er sich zum ‚Gewissen der Nation‘, allerdings nicht als Gründer eines Geheimbundes, sondern in öffentlichen, rhetorisch effektiven Auftritten als Rezitator eigener und fremder Werke. Den Zeitgenossen freilich galt Dehmel als einer der größten Lyriker und zahlreiche junge Dichter holten sich seinen Rat. Auch als Theaterautor hatte er mit den Dramen „Michel Michael“ (1911) und „Die Menschenfreunde“ (1917) vorübergehenden Erfolg. Bei Ausbruch des Ersten Weltkriegs meldete sich Dehmel freiwillig und diente bis 1916 an der Westfront. Sein Tod am 8. Februar 1920 war Folge einer Venenentzündung, die er sich im Krieg zugezogen hatte.

Dehmels Lyrik ist Ausdruck einer vitalistischen Bewegung, die ihren Ursprung in Nietzsches Philosophie hat und die stilistisch zwischen so extremen Polen wie Naturalismus, Jugendstil und Expressionismus pendelt. Dehmel beanspruchte für sein Dichtertum einen quasi missionarischen Auftrag, gewissermaßen die Vermittlung zwischen sozialen, menschlichen und geschlechtsspezifischen Anliegen. So zielt Dehmels Lyrik auf eine ästhetische Überhöhung vor allem der Geschlechterliebe zur hymnischen Lebensfeier, wobei der Stil zwischen ekstatischem Gefühlsüberschwang und ornamentaler Glätte pendelt. Das ungeheure Pathos und die emotionale Aufgeheiztheit auch bei der Darstellung banaler Lebenswirklichkeiten macht diese Lyrik heute nur schwer erträglich, oft gerät sie in die Gefahr unfreiwilliger Komik. Am genießbarsten ist sie dort, wo sie sich ganz auf Anschauung verlässt und Distanz zu Jugendstil und Gefühlsbrunst hält.

Zu diesen Produkten zählen auch seine Italiengedichte, die – ähnlich den Reisegedichten Tiecks – eine Art poetisches Tagebuch seiner Italienreise darstellen. Allerdings gehören sie ihrer metrischen und gereimten Machart nach zu den eher konventionellen Werken.

Campagna vor Rom

Hier spannt sich alles, Landschaft, Bäume, Tiere,
als habe sich die Welt zur Ruh gezwungen;
erwartungsvoll ist jede Form geschwungen,
die Hörner selbst der silbergrauen Stiere.
Denn dort am Horizont hebt einsam groß,
so einsam groß, daß auch die Berge nur
Mitglieder sind der staunenden Natur,
das Haupt der Ewigen Stadt sich zum Azur:
die Peterskuppel Michelangelos.

Venedig: Punta della Salute

Hier möchte ich sterben, alt, wie Tizian starb,
doch in verhängter Gondel und allein.
Durch einen Spalt nur glühn im Abendschein
verwitterte Paläste glorienfarb.
Schlaftrunken schaut die Wasserfläche drein
und haucht mir eine Seelenruhe ein,
die niemals um ein ewiges Dasein warb.
So möcht ich sterben ... aber leben: nein!

Otto Erich Hartleben (* 3. Juni 1864 in Clausthal, Harz – † 11. Februar 1905 in Salò, Gardasee) schrieb schon als Zehnjähriger sein erstes Drama und war in diesen jungen Jahren bereits dem Alkohol zugetan. Das schwarze Schaf der Familie, das in der Schule immer wieder sitzen blieb, wuchs nach dem Tod des Vaters 1879 (die Mutter hatte er bereits 1876 verloren) bei seinem Großvater Senator Eduard Angerstein in Hannover auf, der die Erziehung des aufmüpfigen Enkels dem Gymnasiallehrer Ernst Ramdohr in Jever anvertraute. Dieser verstand den renitenten Jugendlichen durch Literatur und vor allem durch Platen-Gedichte zu zähmen, so dass Hartleben um 1880 mit ersten eigenen und bereits lyrisch formsicheren Etüden brillierte; eine Begabung, die sein dichterisches Werk auszeichnet („Meine Verse", 1902). Nach dem Studium der Rechtswissenschaften in Leipzig und Berlin wurde Hartleben 1889 Gerichtsreferendar; eine Tätigkeit, die er nicht gou-

tierte, da ihm die Angeklagten sympathischer waren als die Vertreter der juristischen Zunft. 1890 ließ er sich als freier Schriftsteller mit sowohl sozialdemokratischen und revolutionären Ideen als auch mit einem großen Schuldenberg versehen in Berlin nieder. Die Beteiligung an mehreren literarischen Zeitungen erwies sich als Debakel, aber das intellektuelle Klima Berlins und seine Tätigkeit als Dramaturg am Lessingtheater erschlossen ihm Kontakte zu Arno Holz, Gerhart Hauptmann, Richard Dehmel, Otto Julius Bierbaum, Paul Scheerbart u. a. Obwohl Hartlebens exzessiver Lebensstil seine finanzielle Lage kontinuierlich verschlechterte, unternahm er 1891 seine erste Reise nach Italien, das zu seiner zweiten Heimat werden sollte. 1899 wurde Hartlebens mit dem Grillparzer-Preis ausgezeichnetes Drama „Rosenmontag. Eine Offizierstragödie" ein durchschlagender Erfolg, der ihn über Nacht berühmt machte. Aber schriftstellerische Produktivität und Talent ruinierte der circulus vitiosus durchzechter Nächte, auf die Angstattacken und Zusammenbrüche folgten, von denen er sich wiederum durch große Mengen Wermut befreite. 1901 erwarb er die Villa Halkyone in Salò am Gardasee, die ihm statt Lebensfreude eine düstere Todesahnung bescherte, gegen die er sich mit dem ihm eigenen Galgenhumor auflehnte. So erfolgte 1903 die Gründung der „Halkyonischen Akademie für unangewandte Wissenschaften", deren Zugehörigkeit – Mitglieder waren u. a. Otto Julius Bierbaum, Franz Blei, Gerhart Hauptmann, Alfred Kubin – weder Rechte noch Pflichten mit sich brachte. Hartleben, der heute vergessene geistvolle Bohémien und amüsante Satyr, Prototyp des Naturalismus und Routinier der humoristisch-satirischen Novelle („Die Geschichte vom abgerissenen Knopfe", 1893; „Vom gastfreien Pastor", 1895; „Liebe kleine Mama", 1904) verstarb im Alter von vierzig Jahren.

Campagna

Ja! Die Ebne ruht in satten Düften,
hingeschmiegt in sanfter Hügellinie –
drüben, hoch in noch durchsonnten Lüften,
still und einsam-schattend steht die Pinie.

Alte Gräber dunkeln, morsche Steine –
fern und unsichtbar berührt dich Rom –
doch empor aus goldnem Abendscheine
steigt die Kuppel von Sankt Peters Dom.

Und du ahnest, wie sich Flügel heben,
gleich den abendfarbnen Wolkenstreifen,
denn die Seele will zur Höhe schweben
und der Wille durch die Fernen schweifen.

Wage nur zu lieben, was genossen,
zu behaupten, was dich je entzündet –
alle Wonnen sind in dir beschlossen,
jede Größe ist in dir begründet.

San Giovanni

Die letzte Sichel des verfallnen Mondes
am Himmel Roms in der Johannisnacht
hab ich erlebt und früher nicht geruht,
bis ich für mich den Sinn erdeuten konnte.

Ich habe neue Menschen liebgewonnen –
und silbern zum Gedenken steht nun da
die letzte Sichel des verfallnen Mondes
am Himmel Roms in der Johannisnacht.

Mein Leben denk ich auch. – Es ruht der Blick
auf den Gesimsen schweigender Paläste.
Da färbt sich die Colonna morgenrot,
die Schwalben werden wach – und schon verblaßt
die letzte Sichel des verfallnen Mondes.

Otto Julius Bierbaum (* 28. Juni 1865 in Grünberg in Niederschlesien – † 1. Februar 1910 in Dresden), auch bekannt unter dem Pseudonym Martin Möbius, Sohn eines Konditors und einer sächsischen Bergmannstochter, verbrachte seine Jugend zunächst in Dresden, wo er 1873 das militärisch organisierte „Freimaurer-Institut" besuchte. Nach häufigen Schulwechseln legte er 1885 schließlich in Wurzen die Reifeprüfung ab. Er schrieb an der Universität Zürich sich für Philosophie, Rechtswissenschaften und Sinologie ein und pendelte zwischen den Hochschulen in Zürich, Leipzig, München und Berlin, ohne je einen Abschluss zu erlangen. Bereits in dieser Zeit machte er sich als Rezensent und Feuilletonschreiber verdient. 1889 gab Bierbaum wegen des Bankrotts des Vaters das Studium auf und meldete sich zum einjährigen Militärdienst. Danach arbeitete er als Korrespondent der linksliberalen Tageszeitung „Berliner Börsen-Courier" in München und finanzierte den Lebensunterhalt für sich und seine Familie. Es entstanden Freundschaften zu den Schriftstellern Detlev von Liliencron, Oskar Panizza, Hanns von Gumppenberg und Michael Georg Conrad, welcher Bierbaum mit seinen Ansichten zur Kunsttheorie

prägte. Die Publikation des Gedichtbandes „Modernes Leben“ und der erste Band der Erzählreihe „Studentenbeichten“ (2. Band 1897) machten ihn als Lyriker und Schriftsteller bekannt. Als der Jungautor 1893 an den Tegeler See übersiedelte, übernahm er die leitende Redaktion der Berliner Zeitschrift „Die freie Bühne“, die er jedoch bald wieder abgab. Gemeinsam mit den Schriftstellern Richard Dehmel und Julius Meier-Graefe sowie den Kunsthistorikern Alfred Lichtwark und Eberhard Freiherr von Bodenhausen gründete Bierbaum 1894 die Kunstzeitschrift „Pan“. Als sie ein Jahr später versuchten, die Zeitschrift zum Organ der literarischen Avantgarde zu machen, stießen sie bei der konservativen „Pan-Genossenschaft“, die das Magazin finanzierte, auf heftigen Widerstand. Meier-Graefe und Bierbaum verließen daraufhin die Redaktion. Bierbaum siedelte in ein Schloss nach Eppan in Südtirol um. 1896 folgte die Publikation der Romane „Die Freiersfahrten und Freiersmeinungen des weiberfeindlichen Herrn Pankrazius Graunzer, der Schönen Wissenschaften Doktor, nebst einem Anhange wie schließlich alles ausgelaufen“ und „Die Schlangendame“. Im darauf folgenden Jahr wurde der Schriftsteller als Mitarbeiter der Münchner Satirezeitschrift „Simplicissimus“ eingestellt. Als er jedoch nach dem Scheitern seiner Ehe – die Gattin war mit einem ebenfalls im Südtiroler Schloss einquartierten, befreundeten Opernkomponisten durchgebrannt – zunehmend an Depressionen litt und dem Alkoholismus verfiel, wurde er in eine Kurklinik eingewiesen. Er veröffentlichte „Stilpe. Ein Roman aus der Froschperspektive“ (1897) und 1898 folgten die unter dem Pseudonym Martin Möbius publizierten „Steckbriefe erlassen hinter dreißig literarischen Übeltätern“, in denen er Schriftstellerkollegen satirisch porträtierte. 1899 wurde er Mitherausgeber der Zeitschrift „Die Insel“ und der Roman „Das schöne Mädchen von Pao“ erschien. Trotz dieses energischen Tatendranges, der von festen antiklerikalen und liberalen Überzeugungen geprägt war, litt er zunehmend unter schweren gesundheitlichen Problemen. Nach einem Umzug nach München 1900 heiratete Bierbaum im darauf folgenden Jahr die junge Italienerin Gemma Pruneti-Lotti. Er brachte den Gedichtband „Irrgarten der

Liebe“ heraus, der sich als ein wahrer Publikumserfolg erwies. 1902 wurde er Mitarbeiter der Wochenzeitung „Die Zeit“ und begab sich 1903 gemeinsam mit Gemma auf eine Fahrt im Automobil von Berlin bis Sizilien, deren Erlebnisse er in Zeitungen veröffentlichte und noch im selben Jahr in dem Reisebericht „Eine empfindsame Reise im Automobil“ herausgab. Nach seiner Rückkehr in die Heimat erschien 1905 das Märchen „Zäpfel Kerns Abenteuer“, eine Abwandlung der italienischen Puppenhistorie „Pinocchio“. Der ab 1906 erschienene dreibändige Roman „Prinz Kuckuck. Leben, Taten, Meinungen und Höllenfahrt eines Wollüstlings“ (1906/1907) handelte dem Verfasser viel Kritik, feindliche Gesinnungen und gar gerichtliche Auseinandersetzungen ein, da er in diesem erneut Spöttereien über sich selbst und seine schriftstellerischen Zeitgenossen verbreitete. 1907 zog er nach Dresden um, wo er noch wenige Jahre – mittlerweile in finanziellen Nöten – von einem ruhelosen Ehrgeiz getrieben arbeitete und schließlich, noch nicht 45 Jahre alt, nach einer schweren Nieren- und Herzerkrankung verstarb.

Bierbaums Italienlyrik widmet sich der Schönheit im lebendigen Dasein. Anders als viele Zeitgenossen kann er den in Museen „eingesperrten“ Gemälden und Skulpturen nichts abgewinnen. Für ihn offenbart sich Kunst nur dort, wo sie am Lebensalltag der Menschen teilhat.

Blätter aus Fiesole

Zypressenholz und Lorbeerzweige
Verknistern im Kamine. Duft
Von glimmenden Pinienäpfeln zieht in
Hellblauen Streifen durch die Luft.

Die offene Türe läßt vom Garten
Den kühlen Hauch der Nacht herein.
Es rascheln die Magnolienblätter
Und blinken matt im Mondenschein.

Mein Tisch ist gelb vom Licht der Lampe;
Ihr gruner Seidenschleier hält
Das Zimmer mir im halben Dunkel.
Oh: wollustvoll ist meine Welt.

Christian Morgenstern (* 6. Mai 1871 in München – † 31. März 1914 in Meran-Untermais) entstammte einer renommierten Malerfamilie und wollte ursprünglich wie sein Vater Landschaftsmaler werden. In seiner Kindheit besuchte er unregelmäßig die Schule oder erhielt Privatunterricht, bis er 1882 im Internat in Landshut untergebracht wurde, wo sich schulische Schwierigkeiten

einstellten. 1885–1889 besuchte er das Gymnasium in Breslau und begann mit ersten dichterischen Versuchen. Dort entwickelte sich auch die lebenslang andauernde Freundschaft mit dem Schauspieler, Schriftsteller und Komponisten Friedrich Kayssler. 1892 nahm Morgenstern in Breslau das Studium der Nationalökonomie auf und hörte Vorlesungen bei dem nationalkonservativen Felix Dahn und bei Werner Sombart, der zu dieser Zeit noch Marx nahe stand. Morgenstern brach das Studium ab, da seine fragile Gesundheit, ein Lungenleiden, häufige Sanatoriumsaufenthalte nötig machten. 1895 veröffentlichte Morgenstern den Nietzsche gewidmeten Band „In Phantas Schloß" und schrieb die ersten „Galgenlieder" für den Bund der „Galgenbrüder", die auf Ernst Freiherr von Wolzogens Kabarettbühne „Überbrettl" große Erfolge feierten. Zwischen 1897 und 1903 war er als Übersetzer der Werke Henrik Ibsens, den er auf einer Skandinavienreise 1898 kennen lernte, und August Strindbergs tätig. 1900–1901 unterzog sich Morgenstern einem Kuraufenthalt in Davos und vertiefte sich in die Schriften Paul de Lagardes, die den körperlich labilen und geistig sensiblen jungen Dichter stark beeindruckten. Die Empfänglichkeit für die antisemitische und pangermanische Aggressivität Legardes ist frappierend, da doch Morgenstern die geistige Freiheit und Toleranz seiner jüdischen Freunde (u. a. Max Reinhardt, Georg Hirschfeld und Efraim Frisch) aus der Berliner Kulturszene schätzte. Trotz seiner Krankheit unternahm Morgenstern zahlreiche Reisen, die ihn auch regelmäßig nach Italien führten. Seine Italienlyrik ergibt kein einheitliches Bild: historische und künstlerische Sujets, stimmungslyrische Bilder und Dichtungen mit epigrammatischem Charakter wechseln einander ab. Die religiöse Wandlung, die Morgenstern im Sommer 1905 erfuhr, veränderte sein poetisches und künstlerisches Werk. Die Gedichtsammlungen, „Dem Kind im Manne gewidmet“ („Galgenlieder“, 1905; „Palmström“, 1910; „Palma Kunkel“, 1916; „Der Gingganz“, 1919), Grotesken, Possen, Drolerien, Scherenschnitte und Papierschnitzelkompositionen kontrastieren religiös gefärbte Gedichtsammlungen wie „Melancholie“ (1906) oder das romantisch-spirituelle „Tagebuch eines Mystikers“ (ab 1905). 1908 lernte Morgenstern in Südtirol Margareta Gosebruch von Liechtenstern kennen, die ihn an die dubios-okkulte Weltanschauung Rudolf Steiners heranführte und die er 1910 heiratete. Der schwer leidende und ausgezehrte Morgenstern und seine junge Frau jagten von nun an atemlos dem sich auf Vortragsreisen durch ganz Europa befindlichen Theosophen und späteren Anthroposophen hinterher – einer der Führer und Verführer, die beispielhaft für die umfassende Sinn- und Wertekrise der Jahrhundertwende sind. Ihm widmete Morgenstern seinen letzten, posthum erschienenen Gedichtband „Wir fanden einen Pfad“ (1914) und erwog, den Esoteriker für den Friedensnobelpreis vorzuschlagen. Als Morgenstern 1910 mit seiner Frau erneut eine Reise nach Italien unternahm, erlitt er in Taormina einen schweren gesundheitlichen Rückschlag, wurde im Frühjahr 1911 in einem römischen Krankenhaus behandelt und unterzog sich einem Sanatoriumsaufenthalt in Arosa. Das Frühjahr 1913 verbrachte das Paar in Portorose an der Adria, doch war der Zustand des Dichters so hoffnungslos, dass er im folgenden Jahr verstarb.

Porto fino, kleiner Hafen,
da wir uns im Frühling trafen.

Da geheim wie eine Mythe
unverhofft ein Glück erblühte.

Glück und Leid? Wer will es wissen?
Wehrlos ward ich fortgerissen,

daß sich eine oder scheide,
was zu Glück ward oder Leide.

Porto fino, kleiner Hafen,
da wir uns im Frühling trafen.

Du, was auch mein Schicksal werde,
bleibst mir ewig teure Erde.

*An Sirmio**

(Katulls Ode)

Kaum glaub ichs noch! Katull, du bist daheim!
Daheim auf deinem lieben Sirmio!
Oh Sirmio, Sirmio, Kronjuwel Neptuns!
In allen Meeren, Strömen, Seen sucht
Deingleichen man umsonst: Kein Vorgebirg,

* Sirmio (heute Sermione), Halbinsel im Süden des Gardasees, mit einer Villa des Katull.

kein Halbeiland, kein Eiland kommt dir gleich!
Wie gern bin ich zu dir zurück geeilt!
Wie schön, die Sorg und all den fremden Kram,
der mir nichts ist, im Rücken weit, weit, weit,
am eignen Tisch, im eignen Bett zu ruhn!
Das ist doch noch ein Lohn nach so viel Plag!
Mein Zauber-Sirmio, freust du dich denn auch?
Und du, mein See, brandest du mir Willkomm?
Ja, alles lacht und ruft: Katull ist da!

Richard von Schaukal (* 27. Mai 1874 in Brünn – † 10. Oktober 1942 in Wien) entstammte einer Kaufmannsfamilie. Von der Mutter erhielt er erste literarische Anregungen; man las gemeinsam Heine, Chamisso, Lenau, Lord Tennyson – eine Auflehnung gegen den als spießbürgerlich und provinziell erinnerten Vater, die auch darin bestand, dass die Mutter die Weichen für den gesellschaftlichen Aufstieg ihres Sohnes stellte, indem er – neben dem Besuch eines humanistischen Gymnasiums – im Fechten und Reiten ausgebildet wurde. Schaukal erklomm nach seiner Promotion in Rechtswissenschaften (1898) die Karriereleiter als Jurist im höheren Verwaltungsdienst und pflegte zeitlebens eine ausgeprägte Aristokratomanie und einen dezidierten Ästhetizismus. 1918 durch Karl I. nobilitiert, verließ er im gleichen Jahr das Ministerialpräsidium, um als Dichter, Kritiker und Übersetzer tätig zu sein. Schaukals Beitrag zur Ästhetik der Wiener Moderne und zum Fin de Siècle zeigt sich auch in intensiven Kontakten zu den führenden Repräsen-

tanten des damaligen literarischen Lebens: u. a. Arthur Schnitzler, Heinrich und Thomas Mann, Rainer Maria Rilke, Hermann Hesse, Karl Kraus, Arno Holz. Er verfasste Einzelschriften zu E. T. A. Hoffmann und Wilhelm Busch, Novellen mit zumeist letaler Pointe („Von Tod zu Tod und andere kleine Geschichten“, 1902) und zahlreiche Übertragungen aus der modernen französischen Lyrik (Théophile Gautier, Paul Verlaine, Stéphane Mallarmé). Den Einfluss des französischen Symbolismus zeigt schon deutlich sein Debüt „Gedichte“ (1893) und seine dem Zeitgeschmack entsprechenden neoromantischen „Verse“ (1892–1896) und „Meine Gärten“ (1897). Schaukals lyrischer Stil ist manieristisch – vor allem in der hypertrophen Verwendung der Epitheta. Eine besondere Vorliebe zollte der Décadence-Ästhetiker Schaukal der italienischen Renaissance. Die bewunderte Maßlosigkeit und Zügellosigkeit dieser Epoche beruht auf einem Männlichkeitsbild der „virtù“ macchiavellischer Provenienz, das den Herrenmenschen zelebriert. Schaukals Weltanschauung rekrutiert sich aus einer ästhetisch codierten Idealvorstellung einer untergegangenen gesellschaftlichen Wirklichkeit. Mit seinem manifesten Antimodernismus repräsentiert Schaukal, der sich als Monarchist und Dandy zu inszenieren verstand, die reaktionären Tendenzen in Österreich nach dem Ersten Weltkrieg. Wenngleich er ein bornierter Antisemit war, stehen seine restaurativen Vorstellungen nicht auf einer Ebene mit der nationalsozialistischen Ideologie.

Sorrent

Vor dem leichten Balkone
dehnt sich glänzend das Meer,
ein Segel leuchtet her:
es ist nicht ohne.

Gelbe Orangen hängen,
auch giebt es Pinien hier
in Mengen:
das kennen wir.

Capri

Weiße leuchtende Säulen. Rebenranken
schmiegen sich zärtlich um ihre schlanken
schweigenden Leiber. Purpurn brennende Nelken.
Jäh aufduftende Rosen, die nachts verwelken.
Bunt im Schatten kühler Laubengänge
blüht der Ginster. Meergetränkte Winde
nahen flatternd. Hörst du nicht Gesänge,
leise lockende und traurig linde?
Sind es drunten im glitzernden Schaume
im Sonnenjubel der hüpfenden Mittagswellen
nicht die brandungbeherrschenden süßen hellen,
dunkel und muscheltief aus raunendem Traume
klagenden, ewig betörenden, flatternd bebenden,
schimmernd sich wiegenden, schwalben-schwebenden
seltsam silbernen Stimmen – Menschensehnen
armer Unsterblicher künden sie – der Sirenen?

Rainer, eigentlich René, Maria Rilke (* 4. Dezember 1875 in Prag – † 29. Dezember 1926 in Valmont) wurde als zweites Kind von Josef und Sophie Rilke geb. Entz, einer ehrgeizig in die Prager Gesellschaft strebenden Frau, geboren. Die Trauer um die verstorbene erstgeborene Tochter bewegte die Mutter René bis zu seinem fünften Geburtstag wie ein Mädchen zu kleiden und zu erziehen. Als der Vater die Hoffnung auf eine Militärkarriere begraben musste, zerbrach die Ehe. Auch die Erwartung, dass der Sohn die Offizierslaufbahn einschlüge, erfüllte sich nicht, als Rilke 1891 die Militäroberrealschule ohne Abschluss verließ. Sein Onkel ermöglichte es ihm, sich in Prag auf das Abitur vorzubereiten, das er 1895 exzellent bestand, und bereits erste lyrische Texte zu veröffentlichen. Er begann ein Jura-Studium und wechselte bald nach München, wo er im Mai 1897 Bekanntschaft mit der von ihm hoch verehrten Schriftstellerin Lou Salomé machte. Auf ihr Drängen hin änderte er seinen Vornamen René in Rainer, den sie als Künstlernamen für angemessener hielt. Rilke folgte Lou im Oktober nach Berlin. Dort hörte er Vorlesungen des Philosophen Georg Simmel und begegnete Stefan George. Im Frühjahr 1898 begab er sich auf eine Reise über Arco am Gardasee nach Florenz, um sich vor Ort in die italienische Kunst zu vertiefen. Dort schrieb er das „Florenzer Tagebuch", das er im Mai in Viareggio fortsetzte, jedoch erst später vollendete. Anfang des Jahres 1899 brachen Rilke, Lou und deren Ehemann zu einer ersten Russlandreise auf, auf der sie den 71jährigen Leo Tolstoj trafen. Während eines Besuches bei dem Maler Heinrich Vogeler in Worpswede im Herbst lernte er die Bildhauerin und Malerin Clara Westhoff kennen, die er ein Jahr später heiratete. Im Dezember 1901 wurde die Tochter Ruth Rilke geboren. Die folgenden Jahre waren für den Schriftsteller von ständigen Reisen und Umzügen geprägt und der Versuch sich ein bürgerliches Leben aufzubauen scheiterte. Die Eheleute siedelten 1902 nach Paris um, das trotz des umtriebigen Lebensstils für die kommenden zwölf Jahre geographischer Mittelpunkt von Rilkes Schaffen sein sollte. Nach sieben Monaten waren Rilkes Kräfte von der Schwere und Melancholie der Metropole derart erschöpft, dass er erneut nach Viareggio fuhr und bis zum Sommer des darauf folgenden Jahres in Rom blieb. Seine Ängste um finanzielle Versorgung schienen ein Ende zu haben, als ihm im September 1905 Auguste Rodin eine Anstellung anbot. Nach knapp acht Monaten kündigte der Bildhauer, der von dem Dichter jahrelang als künstlerisches Vorbild verehrt wurde, aufgrund eines Zerwürfnisses das Dienstverhältnis. Auf Einladung

der Schwerinschen Adeligen Alice Faehndrich überwinterte er 1906 auf Capri und unternahm bis 1908 Vortragsreisen in Deutschland und Österreich. Der Verleger Anton Kippenberg und dessen Gemahlin wurden zu Rilkes engsten Vertrauten; im Turmzimmer ihres Leipziger Hauses schrieb er zu Beginn des Jahres 1910 seinen einzigen Roman „Die Aufzeichnungen des Malte Laurids Brigge". Noch immer von Fernweh und der Suche nach Heimat umgetrieben waren die kommenden Jahre erneut von großen und kleineren Reisen geprägt. Bei Ausbruch des Ersten Weltkrieges musste sich auch Rilke der Musterung unterziehen. Die Rückkehr nach Paris war für ihn unmöglich geworden und sein gesamter dortiger Besitz war beschlagnahmt und versteigert worden. 1916 zog man ihn zwar zur militärischen Grundausbildung ein, jedoch blieb ihm der Frontdienst erspart. Nach einer Reise in die Schweiz im Juni 1919 traf sich der Poet 1920 mit der befreundeten Fürstin Maria von Thurn und Taxis in Venedig. Durch die Vermittlung von Schweizer Freunden bezog er das Schloss Berg am Irchel. Als Rilke im Mai 1921 dieses verlassen musste, mietete ihm ein Gönner den kleinen Schlossturm Chateau de Muzot im Wallis an. Zwischen energischer Arbeitswut und nagendem Selbstzweifel gelang ihm die Vollendung der „Duineser Elegien" und der „Sonette an Orpheus" (beide 1923). Die letzten Lebensjahre litt Rilke an einer seltenen Form der unheilbaren Leukämie. 1925 machte er sich letztmalig nach Paris auf, wo er von der Intellektuellen- und Literatenszene umjubelt, von einem gesellschaftlichen Ereignis zum nächsten gereicht wurde. Am 29. Dezember 1926 verstarb er im Sanatorium Valmont sur Territet.

Rilkes Italiendichtungen zeugen von einer tiefen Melancholie und einem Gefühl, in der Welt verloren zu sein. Mit größter Virtuosität und in einer musikalischen Sprache gehen sie den Dingen auf den Grund, um deren verborgene Gesetzmäßigkeit aufzuweisen. Die italienischen Städte- und Landschaftsbilder sowie die italienischen Impressionen sind für Rilke Symbole menschlicher Urerfahrungen.

Römische Fontäne

Borghese

Zwei Becken, eins das andre übersteigend
aus einem alten runden Marmorrand,
und aus dem oberen Wasser leis sich neigend
zum Wasser, welches unten wartend stand,

dem leise redenden entgegenschweigend
und heimlich, gleichsam in der hohlen Hand,
ihm Himmel hinter Grün und Dunkel zeigend
wie einen unbekannten Gegenstand;

sich selber ruhig in der schönen Schale
verbreitend ohne Heimweh, Kreis aus Kreis,
nur manchmal träumerisch und tropfenweis

sich niederlassend an den Moosbehängen
zum letzten Spiegel, der sein Becken leis
von unten lächeln macht mit Übergängen.

Römische Campagna

Aus der vollgestellten Stadt, die lieber
schliefe, träumend von den hohen Thermen,
geht der grade Gräberweg ins Fieber;
und die Fenster in den letzten Fermen

sehn ihm nach mit einem bösen Blick.
Und er hat sie immer im Genick,
wenn er hingeht, rechts und links zerstörend,
bis er draußen atemlos beschwörend

seine Leere zu den Himmeln hebt,
hastig um sich schauend, ob ihn keine
Fenster treffen. Während er den weiten

Aquädukten zuwinkt herzuschreiten,
geben ihm die Himmel für die seine
ihre Leere, die ihn überlebt.

Venedig

Nacht am Kanal. Die Marmorgnade
der Kuppelkirchen schimmert her.
Und Lichter gleiten leise Pfade,
und schwarze Gondeln atmen schwer.

Sie kommen wie aus weiten Landen,
sie tauchen auf und sie verwehn
und scheinen fremd und unverstanden
ins große Ewige zu gehen.

Theodor Johannes Adolf Däubler (* 17. August 1876 in Triest – † 13. Juni 1934 St. Blasien im Schwarzwald), erstes von vier Kindern des Großkaufmanns Carl Däubler und dessen Frau Oktavia, geb. Brehmer, erhielt zunächst Privatunterricht und wurde bereits früh mit der italienischen Sprache vertraut gemacht. Nach dem Besuch der Triester Bürgerschule und später eines humanistischen Gymnasiums ließ er im Alter von fünfzehn Jahren die Schule hinter sich und heuerte als Schiffsjunge an. Er bereute jedoch diesen Ausreißer und widmete sich bereits ein Jahr später erneut mit Hilfe von Privatlehrern den Vorbereitungen auf das Abitur, das er 1896 in Fiume in italienischer Sprache bestand. Aufgrund einer Nervenerkrankung konnte er sich dem anstehenden Militärdienst entziehen. Nachdem die Familie 1898 nach Wien umgezogen war, begab sich Däubler im Winter auf eine Italienreise über Venedig und Rom nach Neapel, wo er an dem Manuskript zu seinem Epos „Nordlicht" arbeitete. Nach seiner Rückkehr wurde Däubler 1900 Mitarbeiter der von seinem Onkel geleiteten Redaktion der „Berliner Morgenpost". 1901 ließ er sich in Paris nieder, wo er sich mit dem Kunsthistoriker und Staatstheoretiker Arthur Moeller van den Bruck und dem Filmtheoretiker Ricciotto Canudo befreundete und Kontakte zu okkultistischen Kreisen aber auch zur Pariser Künstlerszene um Henri Matisse und Pablo Picasso knüpfte. Nach einer langen Erkrankung zog er 1907 nach Florenz, wo er für die dort ansässige Kunstliebhaberin Ida Bienert als Kunstagent tätig wurde. Im Jahr 1910, in dem er ständig zwischen Italien, Berlin und Paris umher reiste, erschien die mit Hilfe eines Druckkostenzuschusses der österreichischen Regierung ermöglichte „Florentiner Ausgabe" des „Nordlicht[s]". Im darauf folgenden Jahr entstand während eines Aufenthaltes in Florenz und Rom und einer Fahrt mit Ida Bienert durch Süditalien der Gedichtband „Hymne an Italien" (1916). 1913 folgte eine Fahrt nach Forte bei Marmi, Sizilien, Rom und Florenz, wo er bis April 1914 blieb und Kontakt mit den ‚Futuristen' aufnahm. Die Jahre des Ersten Weltkrieges verbrachte der Schriftsteller vorwiegend in Dresden und Berlin, veröffentlichte verschiedene Lyrikbände und hielt Kontakt zu zeitgenössischen Künstlern. Durch die Abtretung Triests verlor Däubler 1919 die österreichische Staatsbürgerschaft und wurde Italiener. Die folgenden Jahre waren von ausgiebigen Reisen etwa nach Italien, Griechenland, Ägypten und Palästina, die teils

durch Lesungen finanziert waren, bestimmt. Es baute sich ein enges freundschaftliches Verhältnis zur Familie des Bildhauers Paul Peterich auf, bei der er im Winter 1925/26 auf Capri gastierte. Gemeinsam mit dem Sohn Eckart Peterich begann er mit der Abfassung erzählerischer Prosawerke. Die weiteren drei Jahre verbrachte er hauptsächlich auf Vortragsreisen. Im Dezember 1927 wurde er zum Präsidenten des deutschen P. E. N.-Clubs gewählt und in die Preußische Akademie der Künste aufgenommen. Däubler wurde deutscher Staatsbürger. 1929 folgten Reisen nach London, Warschau, Wien und Schweden und gegen Ende des Jahres ins Schweizer Arosa. Nachdem Däubler Kritik an Benito Mussolini geäußert hatte, entzog man ihm die Einreiseerlaubnis für Italien. Erst im März 1931 gelangte er über Venedig und Florenz nach Rom, wo ihm Papst Pius XI. eine Privataudienz gestattete. Eine in Florenz diagnostizierte Tuberkulose-Erkrankung zwang Däubler Anfang 1932 nach Berlin zurückzukehren und sich einem Sanatoriumsaufenthalt zu unterziehen. Als er wiederholt nach Capri reiste, erlitt er vor Ort im Februar 1933 einen Schlaganfall. Im März verlangte die Preußische Akademie von dem gesundheitlich schwer gezeichneten Künstler eine Loyalitätserklärung für die nationalsozialistische Regierung, in die Däubler einwilligte. Im August wurde er in ein Schwarzwälder Sanatorium eingewiesen, in dem er verstarb. Der Leichnam wurde in einem Ehrenbegräbnis in Berlin beigesetzt.

Das lyrische Werk des „wahren" Italienkenners Däubler ist außerordentlich umfangreich. Im Zentrum stehen dabei immer wieder die Städtebilder Rom, Venedig und Florenz.

Die Dogaressa

Für Frau von H.

Das ist ein Weib mit morgenroten Wangen:
Der Mund, gewöhnt, daß man ihm ernsthaft traue,
Verschwendet lächelnd Schimmer wie im Taue,
Und diese Nase wittert unser Bangen.

Auch sind die Flechten goldig wie die Spangen.
Die Augen grau, mit einem Stich ins Blaue,
Die Brauen Bögen, wie bei einem Baue,
Den einstens Byzantiner angefangen.

Um ihren Busen atmen auch die Schleier,
Die Achseln fallen wie mit Blutgischt nieder
Und machen so den Hals fast rastlos freier.

Verwegen rasch versinkt das ganze Mieder,
O säh ich diese Schlankheit zu mir gehen!
Ihr Lächeln kann ein zartes Nie! umwehen.

Stefan Anton George (* 12. Juli 1868 in Büdesheim bei Bingen – † 4. Dezember 1933 in Minusio bei Locarno), Sohn eines Weinhändlers und Gastwirts, besuchte das Ludwig-Georg-Gymnasium in Darmstadt bis zum Abitur (1888) und bereiste anschließend eineinhalb Jahre lang europäische Länder (England, Schweiz, Italien, Frankreich und Spanien). Nach drei Semestern, in denen er Neuphilologie, Philosophie und Kunstgeschichte an der Universität Berlin studierte, entschloss sich George, sein Leben ausschließlich der Dichtung und dem ‚Umdichten' fremdsprachiger Lyrik zu widmen. Prägend waren seine Paris-Aufenthalte zwischen 1889 und 1892, während derer er zu den französischen Symbolisten Kontakte knüpfte. Außer im Elternhaus wohnte der von Kapitalerträgen lebende und ständig reisende

Dichter meist bei Freunden, die er aus Altersgenossen, später aus der jüngeren Generation auswählte und systematisch um sich scharte.

George distanzierte sich mit Verve von dem in der zweiten Hälfte des 19. Jahrhunderts dominierenden klassizistischen Ideal des Münchner Kreises um Emanuel Geibel und Paul Heyse, ebenso vom Naturalismus, der ihm mit seiner Abschilderung des gewöhnlichen Alltags als zu krude und unpoetisch erschien. Dagegen propagierte er das aus dem französischen Symbolismus (Stéphane Mallarmé, Paul Verlaine, Charles Baudelaire) übernommene Kunstideal „l'art pour l'art". Geistiges Haupterlebnis des jungen George war neben der Beziehung zu den Symbolisten der Einfluss Friedrich Nietzsches, der sein elitäres, im Kreis der Freunde und Jünger, dem sogen. „George-Kreis", praktiziertes Herrschaftskonzept prägte. Hatte George anfangs nur die Erneuerung der Literatur auf seine Fahnen geschrieben, so weitete er später diesen Anspruch auf die Kultur, die Gesellschaft, den Staat und sogar die Religion aus. Maßgebliches Organ von Georges „Kunstlehre" waren die 1892 gegründeten „Blätter für die Kunst", die bis 1919 in zwölf Folgen erschienen, und das zwischen 1910 und 1912 in drei Bänden publizierte „Jahrbuch für die geistige Bewegung". Über beide Publikationen gewann George zeitweilig großen Einfluss auf die deutsche Geisteswissenschaft, zumal zahlreiche Georgeaner den Beruf des Hochschullehrers ergriffen.

Am Beginn von Georges selbständiger Produktion standen die drei Bücher „Hymnen" (1890), „Pilgerfahrten" (1891) und „Algabal" (1892), wobei die „Hymnen" die griechisch-hellenistische Welt, die „Pilgerfahrten" die religiöse Welt des Mittelalters und „Algabal" die Welt des heidnischen Kaisers Heliogabal beschworen. Die nächste Sammlung „Die Bücher der Hirten- und Preisgedichte, der Sagen und Sänge und der Hängenden Gärten" (1895) führten die bukolisch-hymnische Thematik weiter. Als Gipfel dieser erlesenen Filigrankunst muss das 1897 erschienene Werk „Das Jahr der Seele" gelten, das Georges reinste Naturgedichte enthält, obgleich seinen Parklandschaften immer etwas Gewaltsames anhaftet:

Einzelwahrnehmungen erscheinen ins künstlerische Gebilde gehämmert und mit symbolischem Sinn aufgeladen. Unzweifelhaft war Georges Dichtertum durch ein homoerotisches Moment geprägt, wie es exemplarisch und geradezu tragisch-skurril in seiner Begegnung mit dem Knaben Maximilian Kronberger († 1904) zum Ausdruck kam, den er posthum zum Gott „Maximin" apotheosierte.

Zunehmend machte sich in Georges lyrischem Werk eine konstruktive Tendenz bemerkbar. Wirken bereits die einzelnen Gedichte wie sorgfältig abgewogene Klang- und Reimkörper, so sind die Gedichtsammlungen selbst von streng symmetrischer Architektur, wie etwa die Gedichtbücher „Der Teppich des Lebens und die Lieder von Traum und Tod mit einem Vorspiel" (1899), „Der siebente Ring" (1907) und das hundert Sprüche umfassende ‚Gesetzbuch' des Kreises „Der Stern des Bundes" (1914). Das letzte Gedichtbuch, das ältere und neuere Stücke zusammenfasst, heißt nicht zufällig „Das neue Reich" (1928). Trotz einer gewissen Nähe zu konservativ-völkischen Gedanken ließ sich George nicht vor den Karren des Dritten Reiches spannen: Den Ehrenposten eines Präsidenten der nationalsozialistischen Dichterakademie lehnte er ab. Seine Ausreise aus Deutschland im Jahr 1933 kann jedoch nicht als Emigration gewertet werden. George hat zeitlebens ausländische Lyrik übersetzt. Einen besonderen Rang besitzt die Umdichtung der ‚poetischen' Partien von Dantes „Divina Comedia" („Dante. Stellen aus der Göttlichen Komödie", 1909), dessen strenge Richter-Attitüde seiner eigenen Auffassung vom Dichteramt entsprach. Georges Italienerleben steht unter den poetischen Auspizien der Antike, dann Goethes, Nietzsches und eben Dantes. Neben statisch gesehenen Landschaftsbildern ragt das große Gedicht „Goethes lezte [!] Nacht in Italien" hervor, in dem Goethe als Künder Georgescher Italienerfahrungen erscheint – vor dem Hintergrund gesammelter apollinischer, dionysischer und chthonischer Philosopheme.

Rom-Fahrer

Freut euch dass nie euch fremdes land geworden
Der weihe land der väter paradies
Das sie erlöst vom nebeltraum im norden
Das oft ihr sang mehr als die heimat pries.

Dort gaukelt vor euch ein erhabnes ziel
Durch duft und rausch in marmor und paneelen
Dort lasset ihr vom besten blute viel
Und ewig fesselt eure trunknen seelen

Wenn euch verderbenvoll der schöne buhle . .
Wie einst die ahnen denen dürftig schien
Die kalte treue vor dem fürstenstuhle:
Wunder der Welt! und sänger Konradin!

Durch euer sehnen nehmt ihr ewig teil
An froher flucht der silbernen galeeren
Und selig zitternd werfet ihr das seil
Vor königshallen an den azur-meeren.

Goethes lezte Nacht in Italien

Welch ein schimmer traf mich vom südlichen meer?
Fichten seh ich zwei ihre schwarzen flügel
Recken ins stetige blau der nacht und dazwischen
Silbern in ruhigem flimmern ein einziger stern.
Aus den büschen tritt nun das Paar . . vor dem Bild
Mitten im laub-rund · leuchtender marmor wie sie ·
Tun sie noch immer umschlungen den grossen schwur.
Mächtig durch der finsteren bräuche gewalt
Heben sie nun ihre häupter für herrschaft und helle.
Staunend hört ihren heldengesang die verklärung

Ewiger räume · dann trägt ihn der duftige wind
Über das schlummernde land und die raunende see.

Abschied reisst durch die brust – von dem heiligen boden
Wo ich erstmals wesen wandeln im licht
Sah und durch reste der säulen der Seligen reigen ..
Ich den ihr preisend ›herz eures volkes‹ genannt
›Echtesten erben‹: hier hab ich vor armut gezittert ·
Hier ward erst mensch der hier wiederbegonnen als kind.
Durch die nebel schon hör ich euch schmälende stimmen:
›Hellas' lotus liess ihn die heimat vergessen‹ ...
O dass mein wort ihr verstündet – kein weiseres
frommt euch –
›Nicht nur in tropfen · nein traget auch fürder in strömen
Von eurem blute das edelste jenseit der berge ·
Anteil und sinn euch solang ihr noch unerlöst‹.

Euch betraf nicht beglückterer stämme geschick
Denen ein Seher erstand am beginn ihrer zeiten
Der noch ein sohn war und nicht ein enkel der Gäa
Der nicht der irdischen schichten geheimnis nur spürte
Der auch als gast in ambrosischen hallen geweilt
Der dort ein scheit des feuers stahl für sein volk
Das nun sein lebenlang ganz nicht mehr tastet in irre
Der in die schluchten der grausigen Hüterinnen
Die an den wurzeln im Untersten sitzen · sich wagte
Die widerstrebenden schreienden niederrang
Ihnen die formel entreissend mit der er beschwört ...
Solch einer ward euch nicht und ich bin es nicht.

Früh einst – so denkt es mir – trug ein bewimpeltes schiff
Uns in das nachbarlich rheinische rebengeländ ..
Hellblauer himmel des herbstes besonnte die gaue
Weisse häuser und eichen-kronige gipfel ..
Und sie luden die lezten trauben am hügel

Schmückten mit kränzen die bütten · die festlichen winzer ·
Nackte und golden gepuzte mit flatternden bändern ..
Lachend mit tosendem sange beim dufte des mostes
Also stürmte die strasse am tiefgrünen strom
Purpurnes weinlaub im haare der bacchische zug.
Dort an dem römischen Walle · der grenze des Reichs ·
Sah ich in ahnung mein heimliches muttergefild.

Unter euch lebt ich im lande der träume und töne
In euren domen verweilt ich · ehrfürchtiger beter ·
Bis mich aus spitzen und schnörkeln aus nebel und trübe
Angstschrei der seele hinüber zur sonne rief.
Heimwärts bring ich euch einen lebendigen strahl ·
Dränge zutiefst in den busen die dunkleren flammen ·
Euch ein verhängnis solang ihr verworren noch west.
Nehmt diesen strahl in euch auf – o nennt ihn nicht kälte! –
Und ich streu euch inzwischen im buntesten wechsel
Steine und kräuter und erze: nun alles · nun nichts ..
Bis sich verklebung der augen euch löst und ihr merket:
Zauber des Dings – und des Leibes · der göttlichen norm.

Lange zwar sträuben sich gegen die Freudige Botschaft
Grad eure klügsten · sie streichen die wallenden bärte ·
Zeigen mit fingern in stockige bücher und rufen:
›Feind unsres vaterlands · opfrer an falschem altar‹ ...
Ach wenn die fülle der zeiten gekommen: dann werden
Wieder ein tausendjahr eurer Gebieter und Weisen
Nüchternste sinne und trotzigste nacken gefüge
Ärmlicher schar von verzückten landflüchtigen folgen
Sich bekehren zur wildesten wundergeschichte
Leibhaft das fleisch und das blut eines Mittlers geniessen ·
Knieen im staube ein weiteres tausendjahr
Vor einem knaben den ihr zum gott erhebt.

Doch wohin lockst du und führst du · erhabenes Paar? ..
Sind es die schatten der sehnsucht · lieblich und quälend? ..
Säulenhöfe seh ich mit bäumen und brunnen
Jugend und alter in gruppen bei werk und bei musse
Maass neben stärke.. so weiss ich allein die gebärden
Attischer würde.. die süssen und kräftigen klänge
Eines äolischen mundes. Doch nein: ich erkenne
Söhne meines volkes – nein: ich vernehme
Sprache meines volkes. Mich blendet die freude.
Wunder hat sich erfüllt von marmor und rosen …
Welch ein schauer des ungebahnten erbebt?
Welch ein schimmer traf mich vom südlichen meer?

Verzeichnis der Autoren, Gedichte und Quellen

Otto Julius Bierbaum

Zypressenholz und Lorbeerzweige *(Blätter aus Fiesole 2)*

Otto Julius Bierbaum: Gesammelte Werke. Erster Band. Hrsg. Georg Müller. München [o. J.]. S. 334.

Friederike Brun

(1) Rückkehr auf sich selbst

(2) Das Wiedersehn

Neue Gedichte von Friederike Brun geb. Münter. Darmstadt 1812. (1) S. 31 f.

Gedichte von Friederike Brun gebornen Münter. Drittes Bändchen. Neueste Gedichte. Bonn 1820. (2) S. 160–162.

Jacob Burckhardt

Seebad

Jacob Burckhardt: Gedichte. Nach den Handschriften des Jacob Burckhardt-Archivs in Basel. Hrsg. v. Karl Emil Hoffmann. Basel 1926. S. 45.

Theodor Däubler

Die Dogaressa

Theodor Däubler: Das Nordlicht. Genfer Ausgabe. Erster Band. Leipzig 1921. S. 382.

Felix Dahn

Rom

Felix Dahn: Gedichte. Leipzig [o. J.] (Felix Dahn: Gesammelte Werke. Erzählende und poetische Schriften. Neue wohlfeile Gesamtausgabe. Zweite Serie. Band 7). S. 338 f.

Richard Dehmel

(1) Campagna vor Rom
(2) Venedig: Punta della Salute
Richard Dehmel: Gesammelte Werke in drei Bänden. Zweiter Band. Berlin 1913. (1) S. 108. (2) S. 118.

Theodor Fontane

(1) Der Markuslöwe
(2) Welches von beiden
Allerlei Gereimtes von Theodor Fontane. Hrsg. von Wolfgang Rost. Dresden 1932. (1) S. 78.
Deutsche Dichtung. Hrsg. von Karl Emil Franzos. 7. Band, Berlin, Oktober 1889– März 1890. (2) S. 123.

Franz von Gaudy

(1) Auf dem Lago Maggiore
(2) Was ich mitbringe?
Franz Freiherrn v. Gaudys ausgewählte Werke. Herausgegeben und mit biographischer Einleitung versehen von Alice Freiin v. Gaudy. Zweiter Band. Leipzig [1900]. (1) S. 242. (2) S. 496.

Emanuel Geibel

Gondoliera
Emanuel Geibels Gesammelte Werke. In acht Bänden. Erster Band. Jugendgedichte. – Zeitstimmen. – Sonette. Zweite Auflage. Stuttgart 1888. S. 62 f.

Stefan George

(1) Rom-Fahrer
(2) Goethes lezte Nacht in Italien
Stefan George: Der Teppich des Lebens und die Lieder von Traum und Tod. Gesamt-Ausgabe der Werke, Band 5, Berlin 1932. (1) S. 53.
Das Neue Reich. Gesamt-Ausgabe der Werke. Band 9. Berlin 1928. (2) S. 8–11.

Johann Wolfgang von Goethe

(1) Mignon
(2) Saget, Steine, mir an (*Römische Elegien I*)
(3) Froh empfind' ich mich nun auf klassischem Boden begeistert (*Römische Elegien V*)

Goethes Werke. Herausgegeben im Auftrage der Großherzogin Sophie von Sachsen. 1. Band. Weimar 1887. (1) S. 161. (2) S. 233. (3) S. 239.

Ferdinand Gregorovius

Der Pinienbaum

Gedichte von Ferdinand Gregorovius. Hrsg. von A. F. Graf von Schack. Leipzig 1892. S. 169 f.

Martin Greif

(1) Sehnsucht nach Italien

(2) Erinnerung an Italien

Gedichte von Martin Greif. Vierte durchgesehene und stark vermehrte Auflage. Stuttgart 1886. (1) S. 168. (2) S. 175 f.

Franz Grillparzer

(1) Kennst du das Land?

(2) Campo vaccino

Franz Grillparzer. Gedichte. Erster Teil. Wien [1932]. (1) S. 28 f. (2) S. 31–36.

Robert Hamerling

(1) Und gönnt es mir, zu weilen hier im schönen Land

(2) San Marco (*Lieder aus Venedig I*)

Hamerlings sämtliche Werke in sechzehn Bänden. Mit einem Lebensbild und Einleitungen hrsg. von Michael Maria Rabenlechner. Zweiter Band. Leipzig 1922. (1) S. 87. – Vierter Band. Leipzig 1922. (2) S. 86.

Otto Erich Hartleben

(1) Campagna

(2) San Giovanni

Hartleben, Otto Erich: Ausgewählte Werke in drei Bänden. Erster Band: Gedichte. Berlin 1913. (1) S. 209. (2) S. 212.

Gerhart Hauptmann

(1) Zypressen

(2) Nur wenig Schritte

Gerhart Hauptmann: Sämtliche Werke. Band IV Lyrik und Versepik. Hrsg. von Hans-Egon Hass. [o. O.] 1964. (1) S. 136. (2) S. 158. © 1996 Propyläen Verlag in der Ullstein Buchverlage GmbH, Berlin.

Friedrich Hebbel

Eine Mondnacht in Rom

Friedrich Hebbel. Sämtliche Werke. Sechster Band. Historisch-kritische Ausgabe besorgt von Richard Maria Werner. Berlin 1902. S. 309.

Heinrich Heine

„Augen, sterblich schöne Sterne!“ (*Liebeslieder 50*)

Heines Werke. Hrsg. von Ewald A. Boucke. Zweiter Band. Romanzero. Gedichte 1853–54. Nachlese. Berlin [o. J.]. S. 230.

Johann Gottfried Herder

Angedenken an Neapel

Herders Sämmtliche Werke. Hrsg. von Bernhard Suphan. Neunundzwanzigster Band (= Poetische Werke. Fünfter Band. Hrsg. von Carl Redlich). Berlin 1889. S. 573 f.

Paul Heyse

(1) Sündenregister

Gedichte von Paul Heyse. Siebente Auflage. Mit einem Bildniß. Berlin 1901. S. 35–39.

August Heinrich Hoffmann von Fallersleben

(1) Konservativer Boden

(2) Addio!

Hoffmann von Fallersleben. Auswahl in drei Teilen. Hrsg. mit Einleitung und Anmerkungen versehen von Augusta Weldler-Steinberg. Zweiter Teil. Zeitgedichte, Gelegenheitsgedichte und Trinksprüche. Berlin, Leipzig, Wien, Stuttgart [1912]. (1) S. 128. (2) S. 134.

Wilhelm von Humboldt

(1) Rom

(2) 1144. Stella

Wilhelm von Humboldts Werke. Hrsg. von Albert Leitzmann. Neunter Band. Gedichte. Berlin 1912 (= Wilhelm von Humboldts Gesammelte Schriften. Hrsg. von der Königlich Preussischen Akademie der Wissenschaften. Band IX. Erste Abteilung: Werke IX). (1) S. 17. (2) S. 437.

August Kopisch

(1) Historisches Weinlied

(2) Schwärmerei für Sorrent

Gesammelte Werke von August Kopisch. Erster Band. Hrsg. von Freundes Hand. Berlin 1856. (1) S. 411–412. – Dritter Band. Hrsg. von Freundes Hand. Berlin 1856. (2) S. 176–177.

Isolde Kurz

(1) Italien

(2) Südliche Nacht

Kurz, Isolde: Gesammelte Werke. Erster Band. München 1925. (1) S. 46. (2) S. 156 f.

Heinrich Leuthold

(1) Auf eine Italienerin

(2) Sorrent

Heinrich Leutholds Gedichte. Nach den Handschriften wiederhergestellt. Leipzig 1910. (1) S. 44 f. (2) S. 63.

Detlev von Liliencron

Italienische Nacht

Detlev von Liliencron: Gesammelte Werke. Zweiter Band: Gedichte. Stuttgart, Berlin und Leipzig 1923. S. 262–264.

Hermann Lingg

(1) Auf dem Vesuv

(2) Capri

Hermann Lingg: Gedichte. Erster Band. Stuttgart 1871. (1) S. 191–193. (2) S. 202–204.

Ludwig I. von Bayern

(1) Pompeji (*X. Elegie*)

(2) Auf Italien

Gedichte Ludwigs des Ersten, Königs von Bayern. Erster Theil. Dritte Auflage. München 1839. (1) S. 28 f. – Vierter Theil. München 1847. (2) S. 184.

Friedrich Matthisson

(1) Die Landschaft

(2) Campo Vaccino

Gedichte von Matthisson. Fünfte vermehrte Auflage. Zürich 1802. (1) S. 242. (2) S. 247 f.

Conrad Ferdinand Meyer

(1) Auf dem Canal grande

(2) Der römische Brunnen

Conrad Ferdinand Meyer: Sämtliche Werke in vier Bänden. Herausgegeben und mit einer biographischen Einleitung versehen von Max Rychner. Erster Band: Gedichte / Huttens letzte Tage. Leipzig 1929. (1) S. 123 f. (2) S. 127.

Christian Morgenstern

(1) Porto fino, kleiner Hafen, …

(2) An Sirmio (Katulls Ode)

Christian Morgenstern: Mensch Wanderer. Gedichte aus den Jahren 1887–1914. Sämtliche Dichtungen II Band 12. Basel 1976. (1) S. 91. – Christian Morgenstern: Ich und die Welt. Gedichte. Sämtliche Dichtungen I. Band 3. Basel 1971. (2) S. 67.

Wilhelm Müller

Der Einsame

Wilhelm Müller. Gedichte. Vollständige Kritische Ausgabe. Mit Einleitung und Anmerkungen besorgt von James Taft Hatfield. Berlin 1906. S. 384 f.

Friedrich Nietzsche

(1) An der Brücke stand …

(2) „Mein Glück!"

Nietzsche's Werke. Taschen-Ausgabe Band XI. Aus dem Nachlaß 1883/88. Der Fall Wagner. Nietzsche contra Wagner. Ecce Homo. Leipzig 1913. (1) S. 301. – Nietzsche's Werke. Erste Abtheilung. Band V. Die fröhliche Wissenschaft („la gaya scienza"). Leipzig 1900. (2) S. 358 f.

August von Platen

(1) Venedig liegt nur noch im Land der Träume (*Sonette aus Venedig XXII*)

(2) Warm und hell dämmert in Rom die Winternacht

August Graf von Platens sämtliche Werke in zwölf Bänden. Hrsg. v. Max Koch und Erich Petzet. Dritter Band. Gedichte. Zweiter Teil. Leipzig 1910. (1) S. 179. – Vierter Band. Gedichte. Dritter Teil. Leipzig 1910. (2) S. 44 f.

Rainer Maria Rilke

(1) Römische Fontäne

(2) Römische Campagna

(3) Venedig

Rainer Maria Rilke: Sämtliche Werke. Erster Band. Frankfurt a. M. 1955. (1) S. 529. (2) S. 599 f. – Dritter Band. Frankfurt a. M. 1963. (3) S. 563.

Friedrich Rückert

Nachklang

Friedrich Rückerts Werke in sechs Bänden. Hrsg. von Professor Dr. Conrad Beyer. Dritter Band. Erste Abteilung: Lyrik. Leipzig [o. J.]. S. 171 f.

Ferdinand von Saar

Italien

Ferdinand von Saars sämtliche Werke in zwölf Bänden. Hrsg. von Jacob Minor. Zweiter Band. Gedichte. Leipzig [o. J.]. S. 183 f.

Adolf Friedrich von Schack

(1) Auf Capri

(2) Fontana Trevi

Gesammelte Werke des Grafen Adolf Friedrich v. Schack. In sechs Bänden. Zweite verbesserte und vermehrte Auflage. Zweiter Band. Inhalt. Weihgesänge. – Gedichte. – Lotosblätter. Stuttgart 1884. (1) S. 213 f. (2) S. 508 f.

Richard von Schaukal

(1) Sorrent

(2) Capri

Richard Schaukal: Pierrot und Colombine. Leipzig 1902. (1) S. 20. – Richard Schaukal: Gedichte. München 1918. (1) S. 74.

Joseph Victor von Scheffel

(1) Durst in Venedig

(2) Fontana Trevi

Scheffels Werke. Herausgegeben von Friedrich Panzer. Kritisch durchgesehen und erläuterte Ausgabe. Erster Band. Leipzig [o. J.] (1) S. 247 f. (2) S. 257.

August Wilhelm von Schlegel
Der Dom zu Mailand
August Wilhelm von Schlegel's sämmtliche Werke. Hrsg. von Eduard Böcking. Erster Band. Leipzig 1846. S. 373.

Emil von Schönaich-Carolath
Gruß an Venedig
Gesammelte Werke von Prinz Emil von Schoenaich-Carolath. 3. Band. Gedichte. Leipzig 1907. S. 162.

Johann Gottfried Seume
Ich eilte fort
Johann Gottfried Seume: Prosaschriften. Mit einer Einl. von Werner Kraft. Köln 1962. S. 466 f.

Karl Stauffer-Bern
Anzio
Züricher, U. W. (Hrsg.): Familienbriefe und Gedicht von Karl Stauffer-Bern. Leipzig 1914. S. 358.

Moritz von Strachwitz
(1) Kannst Du das Leben nicht lebendig leben (*Venedig 6*)
(2) So fahre wohl, Venetia (*Venedig 8*)
Moritz Graf Strachwitz. Sämtliche Lieder und Balladen. Mit einem Lebensbilde des Dichters und Anmerkungen herausgegeben von Hanns Martin Elster. Berlin 1912. (1) S. 275. (2) S. 277.

Ludwig Tieck
(1) Anblick von Florenz
(2) Erster Anblick von Rom
Ludwig Tieck: Gedichte. 3 Bände. Dritter Theil. Dresden 1823. (1) S. 138 f. (2) S. 151–153.

Heinrich Vierordt
Philister-Urteil
Heinrich Vierordt: Akanthusblätter. Dichtungen aus Italien und Griechenland. Zweite, neu gestaltete vermehrte Auflage. Heidelberg 1925. S. 27–29.

Christian Wagner

(1) Capri

(2) Am Tiber

Wagner, Christian: Italien in Gesängen. Stuttgart 1914. (1) S. 15. (2) S. 52.

Wilhelm Waiblinger

(1) Endlich sah ich ein Volk im Schlaraffenleben sich taumeln (*Bilder aus Neapel XLVII*)

(2) Sorrent (*Bilder aus Neapel LXXXV*)

Wilhelm Waiblinger, Bilder aus Neapel und Sicilien. Hrsg. von Eduard Grisebach. Leipzig 1879. (1) S. 24 f. (2) S. 49 f.

Zacharias Werner

Roms Springwässer

Zacharias Werner's Poetische Werke. Zweiter Band. Gedichte vom Jahre 1810 bis 1823. (Sämmtliche Werke. Aus seinem handschriftlichen Nachlasse hrsg. von seinen Freunden. Bd.2) Grimma [o. J.]. S. 55 f.

Editorische Notiz

Die in diesem Band versammelten Italiendichter repräsentieren den Zeitraum zwischen Goethes Italienreise und dem Ersten Weltkrieg. Aufgenommen wurden für die Italienwahrnehmung exemplarische und für die Dichter typische Gedichte.

Bei den Gedichten wurden Orthographie und Interpunktion der jeweiligen Druckvorlage beibehalten, offensichtliche Druckfehler dagegen stillschweigend berichtigt. Die Kurzporträts sollen Einblicke in die wesentlichen Lebensstationen gewähren und zugleich den besonderen Bezug zu Italien herstellen. Die Porträts verteilen sich dergestalt auf die einzelnen Verfasser:

Alefeld:

Platen, Heine, Kopisch, Burckhardt, Meyer, Leuthold, Heyse, Saar, Dahn, Liliencron, Schönaich-Carolath, Vierordt, Hartleben, Morgenstern, Schaukal

Grimm:

Goethe, Herder, Matthisson, Seume, Brun, Schlegel, Werner, Tieck, Grillparzer, Müller, Hoffmann von Fallersleben, Waiblinger, Lingg, Strachwitz, Scheffel, Wagner, Kurz, Dehmel, George

Junk:

Humboldt, Ludwig I. von Bayern, Rückert, Gaudy, Hebbel, Schack, Geibel, Fontane, Gregorovius, Hamerling, Greif, Nietzsche, Stauffer-Bern, Hauptmann, Bierbaum, Rilke, Däubler

STARKA STUDIERT
GELESEN
MAI-JUNI 2018